Piaget

Dados Internacionais de Catalogação na Publicação (CIP)
(Câmara Brasileira do Livro, SP, Brasil)

Goulart, Iris Barbosa
  Piaget : experiências básicas para utilização pelo professor / Iris Barbosa Goulart. 29. ed. – Petrópolis, RJ : Vozes, 2013.

6ª reimpressão, 2023.

ISBN 978-85-326-0386-9
Bibliografia.

1. Piaget, Jean, 1896-1980 2. Psicologia da aprendizagem 3. Psicologia educacional I. Título.

04-6699   CDD-370.15

Índices para catálogo sistemático:
1. Piaget : Psicologia educacional   370.15

Iris Barbosa Goulart

Piaget

Experiências básicas para utilização pelo professor

Petrópolis

© 1983, Editora Vozes Ltda.
Rua Frei Luís, 100
25689-900 Petrópolis, RJ
www.vozes.com.br
Brasil

Todos os direitos reservados. Nenhuma parte desta obra poderá ser reproduzida ou transmitida por qualquer forma e/ou quaisquer meios (eletrônico ou mecânico, incluindo fotocópia e gravação) ou arquivada em qualquer sistema ou banco de dados sem permissão escrita da editora.

CONSELHO EDITORIAL

Diretor
Volney J. Berkenbrock

Editores
Aline dos Santos Carneiro
Edrian Josué Pasini
Marilac Loraine Oleniki
Welder Lancieri Marchini

Conselheiros
Elói Dionísio Piva
Francisco Morás
Gilberto Gonçalves Garcia
Ludovico Garmus
Teobaldo Heidemann

Secretário executivo
Leonardo A.R.T. dos Santos

Editoração: Maria da Conceição B. de Sousa
Diagramação: AG.SR Desenv. Gráfico
Capa: Marta Braiman
Desenhos: George Eugênio Rosa

ISBN 978-85-326-0386-9

Este livro foi composto e impresso pela Editora Vozes Ltda.

Sumário

Parte I – Uma introdução ao estudo da teoria de Jean Piaget, 7

1. Os fundamentos da teoria piagetiana, 9

2. O desenvolvimento psíquico na perspectiva de Jean Piaget, 21

Parte II – Aspectos e etapas do desenvolvimento psíquico segundo Jean Piaget, 29

3. O período sensório-motor, 31

4. O desenvolvimento da função de representação, 40

5. O período pré-operatório, 53

6. O período operacional concreto, 63

7. O período operatório abstrato, 81

8. O desenvolvimento afetivo, 92

Parte III – Avaliação do desenvolvimento cognitivo com base nas experiências piagetianas, 107

9. A noção de objeto permanente, 109

10. A constância perceptual, 112

11. A causalidade na criança, 115

12. Operações infralógicas, 120

13. Operações lógicas, 135

14. Conceito de número, 161

15. Conceito estruturado de espaço, tempo, ordem e velocidade, 167

Bibliografia, 181

Índice, 185

Parte 1
Uma introdução ao estudo da teoria de Jean Piaget

Os fundamentos da teoria piagetiana

Para se compreender o sistema proposto e organizado por Jean Piaget, parece-nos indispensável fazer referência aos fundamentos de sua teoria. O longo período durante o qual Piaget desenvolveu seus estudos – cerca de 60 anos – nos leva a buscar na sua biografia e na bibliografia por ele produzida as origens de suas conclusões, bem como a variação de seus interesses de pesquisa e de sua metodologia. Na primeira parte deste livro procuramos fazer este percurso, na tentativa de facilitar ao estudante a compreensão de uma das teorias mais úteis para o psicólogo e o educador.

Iniciamos pelas *referências biográficas*, assinalando os aspectos mais importantes da vida profissional de Jean Piaget:

1896 – Nascimento de Jean Piaget em Neuchâtel, na Suíça.

1906 – Realização de um estudo sobre um pardal albino. Este trabalho resultou numa publicação premiada e foi responsável pelo convite feito a Piaget para tornar-se assistente do Diretor do Museu de Ciências Naturais de Neuchâtel.

1915 – Conclusão da Licenciatura na Universidade de Neuchâtel.

1918 – Doutoramento, com tese sobre os moluscos de Valois. Publicação de um romance filosófico, no qual define as bases de seu sistema, reunindo religião, filosofia e biologia.

1919 – Estudos de Psicologia na clínica de Lipps e Wurschner, em Zurique.
Estudos de Psicanálise na clínica de Bleuler e presença nas conferências realizadas por Carl Gustav Jung.

1921 – Publicação de artigo na revista *Archives de Psychologie* e convite feito por Edouard Claparède, para ser pesquisador do Instituto Jean Jacques Rousseau.

1925 – Titular de Filosofia da Universidade de Neuchâtel.

1929 – Diretor assistente do Instituto Jean Jacques Rousseau.
Professor de História do pensamento científico na Universidade de Genebra.
Intensificação dos estudos de História das matemáticas, da física e da biologia.

1936 – Título de Doutor Honoris Causa na Universidade de Harvard, Estados Unidos da América.

1939-1952 – Professor de Sociologia da Universidade de Genebra.

1940 – Diretor do Laboratório de Psicologia Experimental da Universidade de Genebra.
Editor da revista *Archives de Psychologie.*
Presidente eleito da Sociedade Suíça de Psicologia.

1945 – Indicação para suceder Merleau Ponty como professor de Filosofia na Universidade de Sorbonne, em Paris.

1950 – Publicação da Introdução à Epistemologia e do Tratado de Lógica.
A partir de então, foram publicados 30 volumes de *Epistemologia Genética.*

1955 – Inauguração do Centro Internacional de Epistemologia Genética, sob os auspícios da Fundação Rockefeller. A partir desta data até sua morte, Piaget recebeu no Centro especialistas em diversas áreas do conhecimento, provenientes de todas as partes do mundo, os quais procediam a estudos epistemológicos, que passaram a integrar a produção científica da instituição.

1980 – Falecimento em Genebra.

Vale lembrar que ao longo desta trajetória o teórico suíço obteve uma sólida formação em Biologia, apurou seu conhecimento de Filosofia e Sociologia, disciplinas das quais foi, inclusive, professor e manifestou ainda uma compreensão segura de Matemática.

Deste modo, através de sucessivas pesquisas, foi definindo seu objeto de estudo e desenvolvendo seu método, trazendo, com isto, uma das mais relevantes contribuições à Psicologia e à Educação.

Em seguida apresentamos uma breve referência às suas *produções bibliográficas*, realçando a variação de interesses e metodologia contida nos trabalhos publicados por ele:

Até 1921, Piaget frequentou os laboratórios de Binet, trabalhando na padronização dos testes de inteligência elaborados por este psicometrista. Sua observação concentrou-se, contudo, nos erros cometidos pelas crianças e concluiu que esses "erros" indicavam estruturas mentais características de determinadas faixas etárias. Teve contatos, também, com os psicanalistas, inspirando-se no trabalho desses profissionais para moldar sua primeira versão de método clínico, que foi, nesta época, semelhante ao modelo de observação utilizado pela psicologia clínica, isto é, individual e casuística. Suas publicações, neste momento, são relatos de suas pesquisas.

De 1921 a 1930, Piaget procura a lógica da criança através do pensamento verbal e inicia algumas experiências com o uso de método não verbal. Estuda, também, as ideias espontâneas das crianças sobre o mundo físico e começa a interessar-se pelo desenvolvimento moral da criança, associando-o ao desenvolvimento da afetividade. Nesta época o método clínico sofre uma alteração e passa a incluir uma conversa sobre questões dos testes de Binet-Simon, teste de Burt e testes de Claparède. As principais publicações no período são as seguintes: *Linguagem e pensamento na criança*, *A concepção do mundo na criança*, *A concepção da causalidade física* e *O julgamento moral na criança*.

De 1930 a 1940, Piaget estudou as primeiras manifestações da inteligência e o desenvolvimento das funções de representação. Detém-se, ainda, no estudo do desenvolvimento da percepção e da formação dos conceitos (conceito de número, de tempo, de espaço, de ordem, entre outros). A maioria desses trabalhos foi conduzida como verdadeira experiência, com hipótese enunciada, com o controle das variáveis e outros procedimentos característicos da experimentação. O método clínico piagetiano sofre, então, nova mudança, passando a mesclar a agilidade da observação aberta e o rigor do controle experimental. Entre os trabalhos produzidos nesta época destacam-se: *O nascimento da inteligência na criança*, *A construção do real na criança*, *A formação do símbolo na criança*.

De 1940 a 1955, ocorre uma formalização do método clínico. O interesse de Piaget sofre uma mudança e a problemática na qual ele centra seu estudo é a operação lógica tanto concreta quanto abstrata ou formal. O método clínico se torna essencialmente crítico, pois estabelece a sistemática controvérsia das afirmações do sujeito, não para medir a solidez de suas convicções, mas para captar sua atividade lógica profunda. A novidade metodológica deste período é a convergência de um método experimental com um método dedutivo. Com esta orientação, Piaget se dedica a estudar a construção de modelos matemáticos que fundamentam as estruturas lógicas e a descrição sistemática dos agrupamentos de operações lógicas concretas e proposicionais. Entre suas publicações, destacam-se neste período: *O desenvolvimento da noção de tempo, As noções de movimento e velocidade, A gênese da ideia de acaso na criança, A concepção de geometria na criança* e *A gênese do mundo na criança*.

No último período de sua vida, que é posterior aos anos 1950, Piaget se dedicou aos estudos de Epistemologia Genética, sendo responsável pela formação, a partir de 1955, de uma equipe multidisciplinar que no Centro Internacional de Epistemologia Genética desenvolveu estudos sobre a Epistemologia das diversas ciências. Para este centro convergem, ainda hoje, especialistas de todo o mundo, que durante estágios ali realizados ampliam e divulgam a pesquisa iniciada por Piaget. Entre as publicações desta época, ressaltam-se os *Estudos de Epistemologia Genética* (30 volumes) e as obras *Biologia e conhecimento, Epistemologia Genética* e *A gênese das estruturas lógicas elementares*.

O sistema piagetiano tem recebido inúmeras designações: epistemológico genético, estruturalista, interacionista, construtivista dialético, cognitivista. Em seguida, passamos a comentar essas designações.

A questão que desde o início Piaget se colocou foi: *Como tem origem e como evolui o conhecimento?*

Trata-se de uma pergunta de caráter filosófico, que direcionou todos os anos de pesquisa empreendida por Piaget e que mereceu dele a abordagem própria de um ramo da teoria do conhecimento, denominado Epistemologia, que significa, segundo o *Dicionário Aurélio*: "Conjunto de conhecimentos que têm por objeto o conhecimento científico, visando a explicar seus condicionamentos, sistematizar suas relações, esclarecer seus vínculos e avaliar seus resultados e aplicações".

Segundo o mesmo dicionário, epistemólogo é a pessoa que se dedica ao estudo crítico dos princípios, hipóteses e resultados das ciências já constituídas e que visa a determinar os fundamentos lógicos, o valor e o alcance objetivo delas.

Para Piaget, a Epistemologia compreende "o estudo da constituição dos conhecimentos válidos". Ele foi o criador de um ramo da Epistemologia que denominou Epistemologia Genética e que constitui uma forma de reflexão teórica, no interior das ciências, que estuda as passagens dos conhecimentos "menos estruturados" a estados de conhecimento "mais estruturados".

A Epistemologia Genética usa uma abordagem que consiste em procurar compreender o desenvolvimento do conhecimento desde o momento em que a pessoa nasce até o momento em que é capaz de um raciocínio complexo, próprio do filósofo ou do cientista. O objeto de estudo de Piaget era, portanto, o *conhecimento* e não o *desenvolvimento*, como pensam muitos leitores de seu trabalho. Como estudava a gênese deste conhecimento, Piaget tornou-se um estudioso do desenvolvimento cognitivo humano, trazendo uma contribuição valiosa para a Psicologia Genética, ramo da Psicologia que estuda o psiquismo humano a partir de sua gênese.

Embora o objeto de estudo da Epistemologia seja o conhecimento e o objeto de estudo da Psicologia o sujeito humano, a relação entre essas duas áreas não pode ser estabelecida em termos de duas ciências autônomas, independentes, que se relacionam exteriormente entre si. A relação entre elas é de interioridade.

Em seus estudos, Piaget procurou descobrir as raízes e o processo de formação dos conceitos de tempo, espaço, causalidade, sem os quais o mundo exterior não seria assimilável e revelou o fato surpreendente de que cada criança desenvolve espontaneamente esses conceitos que, posteriormente, podem ser reencontrados sob a forma de uma elaboração formal e acabada no corpo das diferentes ciências.

Deve-se realçar que, devido ao interesse pelo conhecimento como objeto de estudo, Piaget não se deteve em analisar o efeito de muitas variáveis (como a história, a classe social e outros) sobre o desenvolvimento das crianças. Ele buscava compreender o processo de construção do conhecimento num sujeito universal, sem ocupar-se de sujeitos particulares, marcados por condições específicas. Por este motivo, se costuma dizer que o sujeito estudado por Piaget é o sujeito epistêmico, isto é, o sujeito do conhecimento, diferentemente de seus contemporâneos Wallon e Vygotsky. Para Wallon, o objeto de estudo era o sujeito concreto, isto é, o homem inserido em seu contexto de vida e trabalho, portanto pertencente a uma classe social, envolvido com determinados problemas, inserido nas relações de trabalho. Já para Vygotsky, o objeto de estudo era o sujeito histórico, isto é, aquele homem marcado pelas condições materiais de sua existência.

O sistema piagetiano é denominado, também, estruturalista. Influenciado inicialmente pelo gestaltismo, que combatia a atomização da vida psíquica e defendia seu caráter estrutural, Piaget considerou que esta corrente psicológica lidava com estruturas, mas não se preocupava com sua gênese. Era um estruturalismo sem gênese, enquanto o comportamentismo constituía um estudo da gênese dos fenômenos psíquicos que não se ocupava das estruturas. Ele propunha um sistema estruturalista genético.

O conceito de estrutura proposto por Piaget (1970) é o seguinte: "Uma estrutura é um sistema de transformação, que comporta leis ou propriedades de totalidade (por oposição às propriedades dos elementos), e que se conserva ou se enriquece pelo próprio jogo de suas transformações, sem que estas conduzam para fora de suas fronteiras ou façam apelo a elementos exteriores. Uma estrutura compreende características de totalidade, de transformação e autorregulação".

De acordo com esta visão estruturalista de Piaget, um organismo implica uma estrutura que seja receptiva ao meio. A reação de um organismo não é, portanto, simplesmente uma resposta a um estímulo exterior, mas é também a resposta da estrutura subjacente do organismo e só se pode compreender de modo adequado a natureza de um estímulo depois de analisar a estrutura que está na base da resposta.

Piaget concluiu que o comportamento mostra diferenças nítidas na capacidade de estruturar o meio. Em cada momento do desenvolvimento, uma estrutura mental é responsável pela forma particular de se abordar o meio e de se emitir determinada resposta. O desenvolvimento de crianças e adolescentes se caracteriza pela sucessão de estruturas mentais diferentes, cada uma delas regida por leis próprias e caracterizando um modelo de compreensão da realidade que inclui percepção, pensamento, linguagem e afetividade. Uma estrutura mental mais simples constitui, sempre, a base ou infraestrutura de estruturas mais complexas, marcando, assim, o desenvolvimento cognitivo como um processo de sucessão de esquemas mentais.

Para explicar por que o sistema piagetiano é Interacionista, vale a pena retomar a pergunta: "Como tem origem e como evolui o conhecimento?"

Em 1979, durante um Simpósio realizado na Catedral de Royaumont, ao qual compareceram especialistas das principais correntes de pensamento, e entre eles Jean Piaget, foram identificados três modos diferentes de se responder a esta pergunta.

Os inatistas consideram que o conhecimento é pré-formado, ou seja, já nascemos com as estruturas do conhecimento e elas se atualizam à medida que nos desenvolvemos. Konrad Lorenz, um psicofisiologista americano, tentou provar esta tese. Uma de suas experiências sobre o *imprinting* ou impressão evidencia que aprendizagens complexas acontecem facilmente no momento em que o organismo está preparado para apresentá-las. Entre outras experiências, é muito conhecida a que se refere ao comportamento de patos recém-nascidos acompanharem um objeto que se movimenta à sua frente após vinte horas de seu nascimento e identificarem este objeto como figura materna. Noam Chomsky, um linguista adepto do inatismo, tem defendido a tese de que as estruturas linguísticas são inatas e se manifestarão quando necessário.

Em oposição ao grupo de teóricos inatistas, os empiristas admitem que o conhecimento tem origem e evolui a partir da experiência que o sujeito vai acumulando. Levado a extremo, o empirismo se expressa no determinismo ambiental, posição segundo a qual o homem é produto do ambiente. Os mais conhecidos adeptos da tese empirista são os americanos J.B. Watson e B.F. Skinner, representantes do comportamentismo.

Um terceiro grupo de teóricos, ao qual pertence Jean Piaget, considera que o conhecimento resulta da interação do sujeito com o ambiente; por isto, são eles chamados interacionistas. A este grupo pertencem, também, os russos L.S. Vygotsky, A.N. Leontiev e A.R. Luria e o francês Henri Wallon.

O sistema piagetiano é denominado, também, construtivista dialético. A partir de suas inúmeras pesquisas, Piaget concluiu que cada criança constrói o seu próprio modelo de mundo. As chaves desta construção ao longo do processo de seu desenvolvimento são:

a) a própria ação do sujeito;

b) o modo pelo qual isto se converte num processo de construção interna, isto é, de formação dentro de sua mente de uma estrutura em contínua expansão, que corresponde ao mundo exterior.

Piaget tem mostrado que, desde o princípio, a própria criança exerce controle sobre a obtenção e organização de sua experiência do mundo exterior. Acompanha com os olhos os objetos, seu olhar explora em torno, volta a cabeça; com as mãos agarra, solta, joga, empurra; cheira os objetos, leva à boca. Essas ações, inicialmente puras formas de exploração do mundo, aos poucos se integram em esquemas psíquicos ou modelos elaborados pela criança.

Um esquema é, pois, um padrão de comportamento ou uma ação que se desenvolve com uma certa organização e que consiste num modo de abordar a realidade e conhecê-la. Há esquemas simples, como o reflexo de sucção, presente pouco após o nascimento, e há esquemas complexos, como as operações lógicas que emergem por volta dos sete anos de idade. Piaget considera que os esquemas simples vão se organizando, integrando-se a outros e formando os esquemas complexos. As estruturas psicológicas desenvolvem-se gradualmente neste processo de interação da pessoa com o ambiente e são compostas de uma série de esquemas integrados.

O construtivismo piagetiano tem sido denominado construtivismo dialético. A ideia de dialética significa movimento, mudança; caracteriza-se geralmente pela enunciação de afirmação seguida de negação e depois por uma colocação nova, que resulta da conciliação das posições anteriores. No processo de construção ativa do conhecimento pela pessoa, o caráter dialético explica a relação sujeito-objeto, que, na perspectiva piagetiana, constitui uma relação de interdependência, na qual o sujeito constrói seu objeto e este, por sua vez, interfere na constituição do sujeito. Os conceitos de assimilação e acomodação, tomados da Biologia por Piaget, podem tornar mais clara a compreensão do caráter dialético da construção do conhecimento pelos seres humanos.

A assimilação é a incorporação de um novo objeto ou ideia ao que já é conhecido, ou seja, ao esquema que a criança já possui.

A acomodação, por sua vez, implica na transformação que o organismo sofre para poder lidar com o ambiente. Assim, diante de um objeto novo ou de uma ideia, a criança modifica seus esquemas adquiridos anteriormente, tentando adaptar-se à nova situação.

Tomando como exemplo o processo digestivo, a assimilação se dá quando ingerimos o alimento e o modificamos (mordemos, mastigamos, dissolvemos com a saliva). Neste caso, o alimento é modificado e se torna parte do nosso organismo. Por outro lado, o organismo também sofre modificações quando ingerimos um alimento: contrai-se, libera certos ácidos, tenta lidar com as características do alimento; a isto se chama acomodação.

Transferindo para o plano psicológico podemos verificar que o leitor deste texto, à medida que faz sua leitura, vai assimilando seu conteúdo, isto é, vai se apropriando dele e procurando entendê-lo de acordo com o que conhece sobre o assunto (assimilação). Ao mesmo tempo, a nova leitura vai determinando alterações na organização de seu conhecimento sobre o assunto (acomodação).

No processo de interação com os estímulos do ambiente, muitas aquisições feitas resistem aos esquemas a que a criança está acostumada e impõem mudanças a esses esquemas; outras produzem novos resultados, que enriquecem o alcance ou a gama dos esquemas. A criança é, pois, o próprio agente de seu desenvolvimento; os processos assimilativos gradualmente estendem seu domínio e a acomodação leva a modificações da atividade. Do equilíbrio desses dois processos advém uma adaptação ao mundo cada vez mais adequada e uma consequente organização mental, que se designa como equilibração das estruturas mentais.

Como se depreende de tudo o que foi colocado nos parágrafos acima, Piaget foi um estudioso do desenvolvimento humano em vários aspectos, mas seu interesse principal era o desenvolvimento do conhecimento; daí a designação dada ao seu sistema: cognitivista.

Uma vez entendidas as denominações atribuídas ao sistema piagetiano e a origem de sua abordagem, torna-se mais fácil abordar os aspectos por ele estudados.

2

O desenvolvimento psíquico na perspectiva de Jean Piaget

Como foi mencionado no capítulo anterior, na tentativa de responder à questão "Como tem origem e evolui o conhecimento", Piaget investiu mais de 50 anos de pesquisa. Seu interesse epistemológico foi aos poucos configurando um trabalho psicológico, pois embora o objeto de seu estudo fosse o conhecimento, a necessidade de abordar a gênese deste conhecimento levou-o a um outro objeto de estudo: o desenvolvimento da criança. Assim, além de uma Epistemologia Genética, Piaget produziu uma Psicologia Genética.

A maneira pela qual Piaget conduziu suas pesquisas ao longo de todos estes anos nos leva a perceber três momentos diferentes na construção de seu trabalho, cada um desses momentos associado a um modelo psicogenético.

Por volta de 1923-1924 Piaget dedicou-se a analisar os protocolos de observação de seus filhos, feitos por sua esposa e assistente Jacqueline Chatenay. Nesta época, ele estuda o pensamento através da linguagem e conclui sobre a íntima relação desses dois processos.

De 1932 em diante, Piaget construiu o mais completo de seus modelos psicogenéticos, estudando paralelamente o desenvolvimento cognitivo, o julgamento moral e a linguagem; assim, conseguiu perceber a relação entre as estruturas cognitivas e o desenvolvimento social. Durante este período, Piaget abordou a competência moral, que é a compreensão do caráter consensual das regras sociais, na relação com a competência cognitiva, o que implica na capacidade de lidar com ideias abstratas. Ele relacionou também esses estudos com a competência linguística, que é a capacidade de expressar essas ideias, regras e sentimentos.

A partir de 1940, entretanto, Piaget passa a dedicar-se ao seu terceiro modelo psicogenético, voltando a estudar exclusivamente a cognição, seu interesse inicial, que era o desenvolvimento do conhecimento. Esse momento é contemporâneo da instalação do Centro de Epistemologia Genética, ocasião a partir da qual especialistas em diversas ciências passam a reunir-se em Genebra para darem continuidade à pesquisa piagetiana.

Aspectos e estádios do desenvolvimento psíquico

Apesar do caráter global do desenvolvimento psíquico, Piaget distinguiu nele aspectos ou funções diferenciados que são:

- *Funções de conhecimento* – Responsáveis pelo conhecimento que se tem do mundo e que incluem a organização do pensamento lógico e a organização da realidade. O *pensamento lógico* evolui desde a mais primitiva ação do homem sobre o mundo, que são os reflexos, até o pensamento operatório, forma mais complexa de pensamento, que é própria do adulto inteligente; *a organização da realidade*, por sua vez, evolui desde o estado de indiferenciação entre o eu e o mundo até as percepções complexas a respeito de si e do mundo e a construção de conceitos.

- *Funções de representação* – Incluem todas as funções graças às quais representamos um significado qualquer (objeto, acontecimento ou pessoa) usando um significante determinado (palavra, gesto, desenho, etc.). Neste grupo de funções Piaget inclui a imitação diferida, o jogo, o desenho, a linguagem e a imagem mental.

• *Funções afetivas* – Essas não constituem o objeto específico de interesse de Piaget; entretanto, ele reconheceu sua importância, admitindo que constituem o motor do desenvolvimento cognitivo. Analisou-as do ponto de vista da relação com o outro, distinguindo etapas que vão desde a anomia (ausência de regras morais para limitar o que é permitido fazer), passam para a heteronomia (regras impostas pelo outro) e atingem a autonomia moral.

É sobre as funções do conhecimento (cognição) que Piaget realizou a maior parte de seus estudos, aos quais se deve a designação cognitivista atribuída à sua teoria. Nesta parte de seus estudos se baseiam as inferências educacionais.

Devido à sua formação em Biologia, Piaget adotou os termos *assimilação, acomodação e adaptação* para explicar o processo de desenvolvimento psicológico. Ele considerava que todo movimento, pensamento ou sentimento corresponde a uma necessidade. A cada instante o equilíbrio é quebrado por transformações que têm origem no mundo exterior ou interior e uma nova conduta tenta restabelecer o equilíbrio. A ação humana consiste, portanto, no movimento contínuo de adaptação ou equilibração. Em cada momento do seu desenvolvimento, a criança conta com uma estrutura mental que a auxilia no restabelecimento deste equilíbrio que, entretanto, não é duradouro, porque novas necessidades surgem. Assim, toda necessidade tende a incorporar as coisas e pessoas à atividade própria do sujeito – isto é, *assimilar* o mundo exterior às estruturas já construídas. Ao mesmo tempo, toda necessidade tende a reajustar essas estruturas em função das transformações ocorridas, ou seja, *acomodá-las* aos objetos externos. O equilíbrio entre as assimilações e acomodações é denominado *adaptação ou equilibração* e este processo explica a organização progressiva do desenvolvimento mental.

Piaget considera que o desenvolvimento das funções de conhecimento, de representação e das funções afetivas é marcado por períodos bem delineados, os quais ele chamou de *estádios de desenvolvimento*. A sequência desses estádios é sempre a mesma, mas a cronologia pode variar de uma pessoa para outra ou em culturas diferentes. Durante um estádio, o comportamento humano se mostra diferente do período que o antecedeu e do período que virá a seguir. Isto se deve, segundo Piaget, à existência de uma estrutura mental qualitativamente diferente das anteriores e das posteriores; ao mesmo tempo, a estrutura mental própria de um estádio tem como infraestrutura a que é específica do estádio precedente e prepara o indivíduo para o estádio seguinte.

Assim, a criança no estádio de operações concretas, por exemplo, apresenta uma estrutura mental que lhe permite realizar operações mentais que são ações interiorizáveis e reversíveis, embora ainda careçam da referência a objetos para se efetivarem. As ações características deste estádio têm sua origem no período pré-operatório, estádio anterior ao de operações concretas. Por outro lado, o estádio de operações concretas traz embrionariamente a capacidade de raciocinar hipotético-dedutivamente, que é própria do estádio seguinte, que é o operacional abstrato.

Segundo Piaget, são os seguintes os estádios de desenvolvimento psíquico:

- *Estádio sensório-motor*: de 0 a aproximadamente 18 ou 24 meses – Neste estádio, a criança ainda não dispõe da função simbólica e não apresenta uma forma de pensamento ou afetividade definida, que lhe permita evocar pessoas ou objetos na ausência deles. Por este motivo, o rápido desenvolvimento, próprio deste período, caracteriza-se por construções apoiadas exclusivamente em movimentos, estando, portanto, este desenvolvimento ligado a seu corpo apenas. Entretanto, este desenvolvimento mental representado por subestruturas cognitivas, às quais falta ainda a linguagem, serve de ponto de partida para as construções perceptuais e intelectuais dos períodos seguintes, bem como para o desenvolvimento da afetividade. Piaget admite, portanto, uma inteligência anterior à linguagem, ou melhor, a construção de uma base sobre a qual se organizará a inteligência. Ele fala de uma *assimilação*, o que significa que toda ligação nova se integra num esquematismo ou numa estrutura anterior. Assim, cada nova experiência do bebê se integra às estruturas já construídas, modificando-as e enriquecendo-as em função das novas assimilações. Diferentemente dos associacionistas, Piaget admite que mesmo nesta fase inicial da vida da criança não existe um esquema E – R, segundo o qual o estímulo provoca uma resposta, mas sim um esquema interativo, de acordo com o qual há uma reciprocidade entre o estímulo e a resposta, ou seja, o sujeito se torna sensível aos estímulos na medida em que ele se torna assimilável às estruturas já construídas e, na medida em que isto ocorre, novos estímulos são buscados pelo organismo ativo.

• *Estádio objetivo-simbólico ou pré-operatório*: inicia-se aproximadamente aos 2 anos e vai até aos 6 ou 7 anos. O início deste período é marcado pela instalação da função simbólica, especialmente pela linguagem; daí a denominação utilizada por Piaget, durante algum tempo, para designá-lo: simbólico. Inicia-se, também, um contato maior com o mundo exterior, que lhe vale a denominação objetivo. Graças ao aparecimento da linguagem, as condutas são modificadas no aspecto afetivo e intelectual. A criança torna-se capaz de reconstituir suas ações passadas sob a forma de narrativas e de antecipar suas ações futuras pela fala. Como consequência, o desenvolvimento mental passa a apresentar uma possibilidade de troca entre os indivíduos, que se denomina início da *socialização da ação*; uma forma de pensamento que tem como base a linguagem interior e o sistema de signos, que é denominada *interiorização da palavra* e uma *interiorização da ação*, que é uma forma de reconstituição das imagens e experiências mentais no plano intuitivo, ou seja, não mais baseada apenas nas percepções e movimentos. A afetividade também apresenta significativa evolução, aparecendo sentimentos interindividuais, como simpatia, antipatia, respeito, etc. e uma afetividade interior, que se organiza de forma mais estável.

• *Estádio operacional concreto*: a partir de cerca de 6 ou 7 anos, indo até aproximadamente os 11-12 anos – As operações diferem das ações, que são características do período anterior e implicam na manipulação e contato direto com o real. Operações lógicas são ações interiorizadas e reversíveis, a partir das quais conhecer o real é pensar sobre ele (caráter interiorizado) e agrupar este conhecimento em sistemas coerentes e passíveis de construção e anulação (caráter de reversibilidade). Esta nova forma de abordar o mundo permite à criança pensar a realidade, organizando-a graças a artifícios mentais, embora ainda precise usar como referência objetos concretos. Neste momento, vão emergindo as diversas operações lógicas, tipos de pensamento que se baseiam nos modelos matemáticos e que Piaget chamou classificação, seriação, compensação, razão-proporção, probabilidade, entre outros.

• *Estádio das operações abstratas ou formais*: inicia-se aproximadamente aos 11-12 anos – A característica essencial deste estádio é a capacidade de distinguir entre o real e o possível; ao deparar com uma situação qualquer, o adolescente se mostra capaz de prever todas as relações que poderiam ser válidas e procura determinar, por experimentação e análise, qual das relações possíveis tem validez real. Em lugar de contentar-se com o que lhe chega através dos sentidos, o adolescente tem a capacidade de avaliar o que poderia estar ali. Assim, o pensamento se liberta, gradualmente, do concreto, e se orienta para o inatual e o futuro. Esta transformação do pensamento possibilita o manejo das hipóteses e o raciocínio sobre proposições destacadas da sua constatação concreta e atual. Esta é a época dos grandes ideais e teorias. Isto ocorre porque o passado e o presente são concretos, mas o futuro é abstrato, e só quando o pensamento se torna abstrato é que o ser humano se torna capaz de pensar o que ainda não foi vivido ou experimentado, mas que está por vir.

Nos próximos capítulos, para garantir uma abordagem mais didática, tomaremos cada estádio em separado, incluindo, em cada um deles, as características das funções do conhecimento, da função de representação e da função afetiva.

Parte II

Aspectos e etapas do desenvolvimento psíquico segundo Jean Piaget

3
O período sensório-motor

O primeiro estádio do desenvolvimento lógico é denominado sensório-motor porque nele se verifica uma coordenação sensório-motora da ação baseada na evolução da percepção e da motricidade. O estádio estende-se do nascimento ao aparecimento da linguagem, isto é, do 0 mês até por volta dos 18 meses a 2 anos. Nesta fase, rápida embora importante, Piaget situa a origem de um comportamento inteligente. Trata-se, entretanto, de inteligência essencialmente prática, tendente à busca de resultados favoráveis mais do que ao enunciado de verdades. Neste texto, pretende-se abordar em separado cada um dos aspectos do desenvolvimento psíquico, embora se deva realçar que esses aspectos estão estreitamente inter-relacionados, cada um servindo sempre de estímulo ao desenvolvimento do outro. No tocante às funções do conhecimento, apresentaremos as bases do pensamento lógico e a organização da realidade.

Do ponto de vista do desenvolvimento do *pensamento*, o período sensório-motor é dividido em 6 subestádios, que são:

1) Exercício reflexo – Etapa de desenvolvimento que se estende pelo primeiro mês de vida e durante a qual a atividade, puramente reflexa, se restringe às coordenações sensoriais e motoras de fundo hereditário. En-

tre essas atividades instintivas encontram-se manifestações como o reflexo de sucção, de preensão, de Babinsky, bem como a nutrição. Gradualmente essas atividades vão se aperfeiçoando, podendo-se afirmar que com poucas semanas a sucção se aperfeiçoa, e a criança mama de forma mais coordenada. Reflexos como o palmar, que estão associados à preensão, vão se tornando exercícios reflexos, que garantirão a passagem a estádios ulteriores do desenvolvimento.

2) Reações circulares primárias – Essas reações, que aparecem entre um e quatro meses, equivalem à formação dos primeiros hábitos. Dependem diretamente da atividade da criança, sendo, portanto, diferentes dos reflexos do período anterior. Assim, a criança tende a repetir um comportamento relativo ao próprio corpo, que foi casualmente emitido. Por exemplo, quando faz um movimento com a mão, a criança o repete seguidas vezes, como se não pudesse parar. Não se pode afirmar que se trata de um ato inteligente, porque não se distingue nestes comportamentos uma finalidade anteriormente procurada, nem a escolha de meios capazes de atingi-la.

3) Coordenação de visão e preensão e começo das reações circulares secundárias – Este subestádio se inicia aproximadamente aos quatro meses e vai até por volta de oito meses. É o momento em que se inicia a coordenação entre a visão e a preensão e o bebê agarra e manipula tudo o que vê no seu espaço próximo. A criança agora repete os comportamentos (reação circular) que produziram certo efeito; por exemplo, é capaz de puxar a corda do móbile pendente do seu berço e sacudir todos os objetos presos a ele. Depois disso, será capaz de procurar a corda que prende um objeto qualquer colocado acima de seu berço, evidenciando o que constitui a diferenciação entre a finalidade e meio, mas sem fins preliminares quando da aquisição

de uma conduta nova. Conclui-se, pois, que há uma antecipação, embora limitada, do efeito de uma ação.

4) Coordenação dos esquemas secundários, com utilização, em certos casos, de meios conhecidos com vista à obtenção de um objetivo novo – O subestádio, que se inicia por volta dos oito meses, vai até cerca de 11 meses e nele se observam atos mais complexos de inteligência prática. Assim, a criança que conseguiu produzir um som ao balançar o chocalho usa o mesmo esquema para tentar acender a luz. Pode-se concluir que embora a coordenação dos meios e finalidades seja nova (e sem isto não haveria inteligência), entretanto os meios utilizados são tomados de empréstimo aos esquemas conhecidos de assimilação, que surtiram efeitos positivos em situação anterior.

5) Diferenciação dos esquemas de ação por reação circular terciária (variação das condições de exploração e tateamento dirigido) e descoberta de meios novos – Esse subestádio, que se inicia por volta de 11 meses, vai até aproximadamente 18 meses. Agora, a criança tenta novos meios para atingir suas metas; se quiser pedir comida ou acender a luz, não puxará a corda do móbile, mas utilizará novos esquemas, percebendo que os esquemas do seu repertório não são adequados para atingir todos os fins.

6) Início da interiorização dos esquemas e solução de alguns problemas após interrupção da ação e ocorrência de compreensão súbita – Este subestádio, que se inicia por volta dos dezoito meses, vai até aproximadamente dois anos e coincide com a instalação da função de representação. Ao defrontar-se com uma situação problemática, a criança, numa conduta que anuncia a representação, para, observa detidamente a situação e, em seguida, apresenta uma resposta. Lembrando o comportamento que inclui uma intravisão, a criança agora não usa os tateios, mas diante de uma

dificuldade parece parar, pensar e adotar uma conduta que a leve a atingir a finalidade que se propôs.

Do ponto de vista da *organização da realidade*, o período do sensório-motor apresenta uma coordenação dos movimentos e deslocamentos, os quais, centrados inicialmente no próprio corpo da criança, se descentralizam gradualmente e atingem um estádio em que ela se percebe como um elemento entre outros e descobre o objeto permanente. A sequência desta organização ao longo dos estádios é a seguinte:

Do primeiro ao terceiro subestádio, tudo está centrado no corpo da criança, numa forma de narcisismo, embora a criança nem mesmo se perceba como diferente do mundo que a cerca. Este universo inicial consiste em quadros móveis e inconsistentes, que aparecem e desaparecem ou reaparecem de forma modificada. Por volta do 5º ao 7º mês, quando se esconde um objeto com o qual a criança está brincando, ela chora ou mostra outra forma de decepção, dando a entender que considera que o objeto desapareceu ou se desfez.

No 4º subestádio, entretanto, quando se esconde um objeto com o qual a criança brincava, ela começa a procurá-lo, fato que evidencia que, diferentemente do que ocorria nos estádios anteriores, o objeto continua existindo, mesmo quando retirado do alcance de seus olhos. Entretanto, se o objeto for escondido em sucessivos lugares, a criança não consegue acompanhar esses deslocamentos.

No 5º estádio, se esconi dermos o objeto sob um guardanapo, depois sob um lenço, a criança é capaz de procurá-lo, desde que esteja em lugar visível para ela. Diz-se que agora ela acompanha os deslocamentos sucessivos, desde que eles sejam perceptíveis, isto é, desde que ocorram ao alcance de sua vista. Organiza-se, então, o que Piaget denomina o grupo prático dos deslocamentos, isto é, a capacidade de coordenar desvios, retornos de ações e outros movimentos.

No 6º estádio há uma generalização do grupo prático dos deslocamentos. A criança torna-se capaz de encontrar o objeto escondido, mesmo quando há complexas combinações de esconderijos, incluindo até deslocamentos não perceptíveis. Diz-se que, neste subestádio, domina o esquema do objeto permanente, cuja construção é solidária da organização espaçotemporal do universo prático, relacionando-se, também, com sua estruturação causal.

Ainda com referência à organização da realidade, deve-se abordar a construção das estruturas espaçotemporais e o desenvolvimento da causalidade, o que faremos a seguir.

No que se refere às estruturas espaçotemporais, não existe espaço único nem ordem temporal no início do estádio sensório-motor. Existe apenas um conjunto de espaços heterogêneos, centrados no corpo da criança: o espaço da boca, o espaço auditivo, algumas impressões temporais desligadas de uma coordenação objetiva. Esses espaços só se organizam por volta do 5º e 6º estádios, quando ocorre a construção do esquema do objeto permanente e a criança acompanha os deslocamentos. Quando atinge este nível, a criança se torna capaz de entender que deslocando um objeto de A para B e de B para C pode coordenar este deslocamento num único, que é AC. Do mesmo modo, entenderá que o deslocamento AB pode inverter-se para BA. Pode ainda entender que se movimentar um objeto de A para B e de B para D e outro de A para C e de C para D, saindo de A poderá atingir o ponto D por dois caminhos diferentes: AC e AD. Esta organização das posições e deslocamentos no espaço se constitui de modo simultâneo com as séries temporais objetivas, que a criança começa a perceber.

Já a causalidade se organiza após um período longo de evolução. Nos subestádios iniciais da fase sensório-motora, a causalidade é centrada na própria ação, já que a criança ignora as ligações espaciais e físicas inerentes aos esquemas causais materiais. Por volta do 3º subestádio, a criança é capaz de sorrir para o que vê e usa diversos esquemas (deslocar, balançar, bater), mas só conhece como causa de tudo isto a própria ação, independentemente dos contatos espaciais. Segundo Piaget, a prova disto está no fato de que a criança situa a causa do movimento do móbile na sua ação de puxar o cordão e não no cordão; tanto que puxará o cordão para agir sobre objetos que estão alguns metros distantes do seu alcance. Esta causalidade é chamada mágico-fenomenista; mágica, porque está centrada na ação da própria criança, e fenomenista porque qualquer coisa é capaz de produzir qualquer efeito.

À medida que o universo da criança é estruturado segundo uma organização espaçotemporal e que o objeto permanente se constitui, a causalidade se objetiva e espacializa. As relações de causa e efeito deixam de ser buscadas na ação do sujeito e passam a ser identificadas fora dele, em ações que supõem um contato físico e espacial. Deste modo, quando se esconde um objeto sob um lenço, a criança do subestádio V não puxará o lenço, como fazia nos períodos anteriores, mas procurará atingir diretamente o objeto.

O estádio sensório-motor tem, também, manifestações afetivas, às quais Piaget não se dedicou especialmente, mas cujo valor reconheceu. Também aqui a evolução é bem marcada em cada um dos subestádios.

Até o 3º subestádio, observa-se uma incapacidade de diferenciação entre o eu e o mundo, à qual Piaget denominou *adualismo inicial*. Não existe, portanto, nenhuma fronteira entre o eu e o mundo exterior e, portanto, nenhuma consciência do eu. A afetividade continua centrada no próprio corpo da criança e em sua ação e Piaget criticou a designação que Freud deu a este estado – narcisismo – afirmando que se tratava de um narcisismo sem Narciso. A criança alterna momentos de tensão e relaxação, em busca de estímulos agradáveis e fugindo dos desagradáveis. O sorriso, muito estudado neste período, é frequentemente provocado, reforçado ou gratificado pelo sorriso do parceiro; trata-se de um sorriso que gradualmente ganha sentido, servindo para mostrar que a criança diferencia as pessoas.

Ao fim do 3º subestádio, a angústia dos oito meses evidencia que a criança sabe identificar quem lhe é familiar e quem é estranho, chorando quando pessoas que não estão presentes no seu cotidiano se aproximam ou tentam carregá-la. A esta fase Piaget deu o nome de reações intermediárias e relacionou os progressos registrados à influência da cognição, já que emergem funções como a comunicação, a modulação dos afetos, o controle das excitações, a possibilidade de adiar reações como o choro e ainda o início da escolha de algumas pessoas (início das relações objetais).

No decorrer dos subestádios V e VI Piaget menciona a emergência do que Freud denominou "relações objetais", ou seja, a escolha do objeto afetivo. Para ocorrer este desenvolvimento foi necessário que houvesse uma diferenciação entre o eu e o não eu; foi necessário também que se construísse o esquema do objeto permanente, ou seja, que a pessoa escolhida continuasse a existir mesmo quando estivesse ausente do lugar onde a criança se encontra. Além disso, o desenvolvimento afetivo desta fase é o responsável pela escolha de um alheio, alguém diferente da criança, no qual ela investisse seu afeto. A relação com a figura materna, com os cuidadores e com os familiares ganha importância significativa neste período e será importante no desenvolvimento cognitivo ulterior.

Inicia-se, ao final do período sensório-motor, uma fase denominada pré-operatória ou objetivo-simbólica, que depende, sobremaneira, do desenvolvimento das funções de representação, especialmente da linguagem. Por este motivo, decidimos dedicar o próximo capítulo ao estudo das funções de representação.

Quadro-síntese do período sensório-motor

Idades	Funções			
	Organização do pensamento	**Organização da realidade**	**Representação (Gênese da imitação)**	**Afetividade**
1º subestádio 0 a ± 2 meses	Exercício dos mecanismos reflexos	O universo inicial é um mundo sem objetos, composto de "quadros" móveis e inconsistentes	Preparação reflexa (ausência de imitação	Adualismo inicial
2º subestádio 2 a ± 4 meses	Reações circulares primárias		Imitação esporádica (contágio, ecopraxia)	
3º subestádio 4 a ± 6 meses	Reações circulares secundárias	Constância da grandeza. O objeto existe, mesmo se tampado	Imitação de sons já pertinentes à sua fonação e de movimentos executados por outros (visíveis para ela)	Reações intermediárias (satisfação ante pessoas familiares, inquietude ante estranhos)

4º subestádio ± 7 a ± 11 meses	Coordenação de esquemas secundários e sua aplicação às novas situações	Constância da forma. Ainda não compreende o deslocamento	a) Imitação de movimentos já executados (não visíveis) b) Imitação de modelos novos	
5º subestádio ± 11 a ± 14 meses	Reações circulares terciárias e descoberta de novos meios por experimentação	Procura o objeto em função dos deslocamentos	Imitação sistemática de novos modelos, inclusive os invisíveis do próprio corpo	Relações objetais (escolha do objeto afetivo)
6º subestádio ± 15 a ± 18 meses	Invenção de novos meios por combinação mental	Descoberta do esquema do objeto permanente	Princípio da imitação representativa (diferida)	

4
O desenvolvimento da função de representação

A criança apreende a realidade através dos sentidos e tende a representá-la através de símbolos. As funções de representação são aquelas através das quais representamos alguma coisa, um significado qualquer, seja um objeto, um acontecimento, um esquema conceptual por meio de um significante diferenciado (linguagem, gesto, desenho) que só serve para esta representação.

Alguns autores usam a designação simbólica para a função de representação, porque ela implica no uso de símbolos, mas, como os linguistas distinguem entre símbolos e sinais, Piaget considera preferível empregar o termo *função semiótica* para designar o funcionamento psíquico fundado no conjunto dos significantes diferenciados.

Até aproximadamente 9-12 meses, o objeto deixa de existir se sai do campo visual da criança ou se escapa à sua possibilidade de tocá-lo. Quando se estabelece o esquema do *objeto permanente*, a criança procura o objeto ausente, porque já possui a capacidade de evocá-lo e, portanto, está começando a representá-lo mentalmente. É neste momento que a função de representação se instala, marcando nitidamente a passagem do estádio sensóriomotor para o estádio objetivo-simbólico.

Dentre as condutas características das funções de representação, Piaget distingue cinco, que aparecem mais ou menos simultaneamente e que são:

1) A *imitação diferida*, isto é, aquela imitação que é feita na ausência do modelo – Até pouco mais de um ano de idade, a criança imita ações que estão se passando à sua frente. Entretanto, após este momento, ela se torna capaz de imitar um gesto, um ato, uma cena horas depois que ela aconteceu. Por exemplo, repete o balanço do corpo do adulto que tentava ensiná-la a dançar, horas depois que o adulto apresentou-lhe esta cena. Diz-se que a imitação diferida constitui o início da representação e o gesto imitativo, o princípio do significante diferençado.

2) O *jogo simbólico*, também chamado jogo do faz de conta ou jogo de ficção – Como exemplo, finge dormir brincando com a chupeta e se faz surda ao chamado da mãe que a faz dormir; segurando um pedaço de pano, imita o cachorro que late e pula brincando com alguém; pegando seu ursinho, simula um sorriso para ele, tal como o adulto sorri para ela. Em todos esses atos, a representação é nítida e o significante diferençado é um gesto imitativo, acompanhado de objetos que vão se tornando simbólicos.

3) O *desenho* ou imagem gráfica, que aparece a partir dos dois anos.

4) A *imagem mental*, que surge como uma imitação interiorizada.

5) A *linguagem*, que permite a evocação verbal de acontecimentos que já se passaram – Usando o mesmo exemplo citado por Piaget, pode-se dizer que quando a criança diz "miau", sem ver o gato, há representação verbal além da imitação.

4.1. A imitação

Esta é uma prefiguração da função de representação, que surge ainda no período sensório-motor, como uma espécie de representação de atos materiais e ainda não em pensamento.

Desde os estádios I e II do período sensório-motor a imitação se apresenta como uma espécie de contágio ou ecopraxia, porque, quando uma outra pessoa executa diante da criança gestos que ela sabe efetuar, há uma assimilação desses gestos aos esquemas próprios da criança. É comum, por exemplo, num local onde estão muitas crianças, que, tão logo uma comece a chorar, as outras façam o mesmo, numa espécie de contágio.

Mais tarde, a criança se torna capaz de reproduzir esses modelos por interesse pela própria reprodução e não mais por assimilação automática, o que indica o princípio da função pré-representativa. Como exemplo, vê-se que a criança, que bate os pés no berço, continua a fazê-lo seguidamente como se imitasse a si mesma, reproduzindo o ruído que produz.

Em seguida, a criança imita gestos e ações apresentadas a ela, desde que a reprodução desses gestos e ações envolvam partes visíveis de seu próprio corpo. Por exemplo, bate palmas imitando o adulto.

Na etapa seguinte, torna-se capaz de fazer imitações que envolvem seu próprio rosto. Imita o piscar de olhos, o abrir e fechar a boca, etc. A dificuldade reside em que o rosto próprio só é conhecido tactilmente e o de outra pessoa visualmente. A criança constrói correspondências entre as escalas visuais e táctil-cinestésica para poder generalizar a imitação às partes não visíveis de seu corpo. Enquanto tais correspondências não são elaboradas, a imitação dos movimentos do rosto permanece impossível ou acidental. Piaget menciona, por exemplo, o caso do bocejo, que não é imitado se for apresentado silenciosamente. Mais tarde, contudo, ele será altamente contagioso.

Ao final do período sensório-motor, a criança será capaz de apresentar a imitação diferida: a imitação libera-se das exigências sensório-motoras de cópia perceptiva direta para atingir um nível intermediário em que o ato se torna significante diferençado e, desligado do contexto, já se apresenta como representação em pensamento. Com o jogo simbólico e o desenho, reforça-se a passagem da representação em ato à representação em pensamento: o "fingir dormir" a que nos referimos não é senão um ato destacado do contexto, mas é também um símbolo generalizável. Quando surge a imagem mental, a imitação já não é apenas diferida, mas interiorizada, ela se dissocia de todo ato exterior e está pronta a tornar-se pensamento. A aquisição da linguagem, por sua vez, cobre o conjunto do processo, assegurando uma forma de comunicação com outrem.

4.2. O jogo simbólico

Existem diferentes formas de jogos, mas é o jogo simbólico que assinala o início da representação. Outros tipos de jogos podem anteceder ou suceder o jogo simbólico ao longo do processo de desenvolvimento.

A mais primitiva forma de jogo, que se apresenta ainda no nível sensório-motor, é o jogo exercício, que não comporta qualquer simbolismo nem tem uma técnica lúdica propriamente, mas que consiste em repetir pelo prazer as atividades, com uma finalidade de adaptação: tendo descoberto a possibilidade de balançar o chocalho que foi colocado preso ao berço, a criança reproduz o momento para adaptar-se a ele e para compreendê-lo. Inicialmente, isto não constitui um jogo, mas quando ela repete esta conduta por "prazer funcional" ou pelo prazer de ser a causa do ruído, pode-se afirmar que se trata de um jogo.

Em seguida, vem o jogo simbólico, que se instala quando a criança repete uma cena que se passou, ou relembra, através de gestos e ações, situações do seu cotidiano. O momento em que tais jogos são mais frequentes é por volta de 2-3 a 5-6 anos.

Os jogos com regras, que aparecem mais tarde, implicam um processo de socialização da criança e exigem um desenvolvimento mais avançado do pensamento. Constituem jogos com regras: o jogo de gude, a amarelinha, o esconde-esconde, boca de forno e outros. Há um longo período de desenvolvimento até o momento em que a criança compreende que, se não obedecer os limites estabelecidos pelos parceiros (as regras), ela será eliminada do jogo. Por isto, esses jogos tendem a ter lugar quando a criança já chegou ao período operacional concreto, isto é, após os 8-9 anos.

Os jogos de construção, inicialmente impregnados de simbolismo lúdico, tendem, com o passar do tempo, a constituir verdadeiras adaptações (construções mecânicas, por exemplo) ou apresentam soluções para problemas e apresentam-se como criações inteligentes. Tais jogos aparecem no limiar da adolescência e persistem, muitas vezes, na idade adulta.

Nosso interesse, contudo, em relação às funções de representação, prendem-se aos jogos simbólicos. Eles se apresentam como um tipo de imitação não procurada por si mesma e simplesmente utilizada como meio evocador a serviço da assimilação lúdica. O jogo simbólico não é apenas assimilação do real ao eu, como o jogo em geral, mas uma assimilação assegurada por uma linguagem simbólica, construída pelo eu e modificável conforme as necessidades.

Segundo Piaget, são sobretudo os conflitos afetivos que reaparecem no jogo simbólico. Assim, uma cena banal ocorrida durante o almoço pode ser reproduzida horas depois num brinquedo de bonecas, conduzindo a uma solução mais feliz, ou porque a criança "aplica à sua boneca uma pedagogia mais inteligente que a dos pais ou porque integra no jogo o que seu amor-próprio a impedia de aceitar à mesa (como acabar um prato de sopa que não está gostosa)".

4.3. O desenho

De acordo com Piaget, o desenho é uma forma de função semiótica situada entre o jogo simbólico, que também provoca prazer funcional, e a imagem mental, com a qual partilha o esforço de imitação do real. Ele se baseia nos estudos de Luquet[1] para analisar as fases do desenho infantil. De acordo com este autor, até 8-9 anos o desenho da criança é essencialmente realista na intenção, mas o sujeito começa desenhando o que sabe de um objeto ou personagem antes de exprimir graficamente o que nele vê. Portanto, o realismo no desenho passa por diferentes fases.

A primeira fase do desenho é a do *realismo fortuito*, em que a criança faz uma garatuja, à qual atribui significado à medida que vai produzindo.

A segunda fase é o *realismo gorado* ou fase da incapacidade sintética, na qual os elementos são justapostos, em lugar de estarem coordenados num todo: o chapéu existe, mas é colocado muito acima da cabeça; os botões são desenhados, mas nem sempre estão na roupa, e sim ao lado do corpo. O badameco, que é um tipo de desenho comum nesta época, passa por uma fase em que se assemelha a um girino, isto é, uma cabeça com alguns traços que representam pernas e braços, mas não é desenhado o tronco.

---

1. LUQUET, G. *Le dessin enfantin*. Paris: Alcan, 1927.

A terceira fase é do *realismo intelectual*, quando a criança desenha os atributos conceptuais do desenho sem a preocupação de perspectiva visual. Desse modo, se um rosto é desenhado de perfil, terá um segundo olho, porque a criança sabe que as pessoas têm dois olhos. Se desenha um cavaleiro visto de lado, a perna que está do outro lado do cavalo é desenhada, como se fosse uma transparência.

Apesar de ignorar a perspectiva e as relações métricas, o desenho infantil nesta fase toma em consideração ligações topológicas: vizinhança, separações, fechamentos, etc. A partir dos 7-8 anos, se constituem a reta projetiva ou pontual (ligada à pontaria) e a perspectiva elementar: a criança torna-se capaz de antecipar, através do desenho, a forma de um objeto que se apresenta diante dela, mas que deve ser desenhado do ponto de vista de um observador que estivesse colocado à sua frente ou ao seu lado.

A etapa seguinte é a do realismo visual, que acontece por volta de 8-9 anos. A criança já não representa o que é visível a partir de um ponto de vista perspectivo particular (se desenha um perfil, ela o apresenta como perfil), e os objetos do segundo plano são desenhados em tamanho menor do que os do primeiro plano. Além disso, o desenho toma em consideração a disposição dos objetos segundo um plano de conjunto (eixo de coordenadas) e de suas proporções.

A partir dos 9-10 anos a criança escolhe, com acerto, o desenho colocado entre vários que representa três montanhas ou edifícios vistos de um determinado ponto de vista (de lado, do ponto de vista de um observador colocado à direita ou à esquerda, etc.). Também a partir desta idade, a média das crianças se torna capaz de traçar o nível horizontal da água num frasco inclinado.

Percebe-se, desse modo, que a evolução do desenho é conjugada com a estruturação do espaço nos seus diferentes estádios. Da mesma forma, pode-se concluir que o desenho se desenvolve em solidariedade com o desenvolvimento da imagem mental.

4.4. A imagem mental

Os associacionistas consideram a imagem um prolongamento da percepção. Piaget, contudo, nega esta possibilidade, afirmando que do ponto de vista neurológico a evocação interior de um movimento desencadeia as mesmas ondas elétricas corticais (EEG) ou musculares (EMG) que a execução do movimento, isto é, a evocação provoca um esboço do movimento. Do ponto de vista genético, por sua vez, a imagem não se apresenta no período sensório-motor, só aparecendo quando se instala a função semiótica. Para ele, portanto, as imagens mentais aparecem mais tardiamente e resultam de uma imitação interiorizada.

Desse modo, a percepção, a imitação e a imagem correspondem aos aspectos figurativos das funções cognitivas, enquanto as ações e operações correspondem aos aspectos operativos dessas funções. O desenvolvimento desses dois conjuntos de fenômenos se dá num processo de interação, um influenciando o outro.

Piaget observa nítidas diferenças entre as imagens do período pré-operatório, que ocorrem por volta de 4-5 anos, e as imagens do período operatório, que acontecem a partir dos 10-12 anos e parecem ser muito influenciadas pelas operações.

Há duas categorias de imagens: as imagens reprodutivas, que evocam espetáculos já conhecidos, e as imagens antecipadoras, que estabelecem movimentos ou transformações não assistidos anteriormente. Essas imagens reprodutivas simples podem ter lugar ainda no período pré-operatório, sendo quase exclusivamente estáticas, com dificuldade de reproduzir movimentos ou transformações.

Quando atinge o período operatório concreto, a partir de 7-8 anos, a criança chega à reprodução de movimentos e transformações (pode imaginar, por exemplo, as transformações de uma figura geométrica, sem tê-la materializado num desenho), bem como pode apresentar imagens antecipadoras.

Piaget discutiu amplamente a relação entre as imagens mentais (cinéticas e de transformações), com o objetivo de avaliar a relação entre a imagem e o desenvolvimento do pensamento operacional[2]. E, para melhor compreensão de seu ponto de vista, recomenda-se a leitura de seu texto.

4.5. A linguagem

É a mais social das funções de representação e surge geralmente ao mesmo tempo que as demais, isto é, por volta de 1 ano e meio e 2 anos. O estudo da linguagem e de sua relação com o pensamento humano foi uma das primeiras preocupações de Piaget e se iniciou mesmo com a observação cuidadosa do desenvolvimento de seus filhos, feita por sua auxiliar e esposa durante anos.

Ao analisar o desenvolvimento da linguagem infantil, Piaget identificou uma primeira fase de lalação espontânea, comum às crianças a partir de 6 meses, e uma fase de diferenciação de fonemas por imitação, que ocorre por volta de 11-12 meses. Desse modo, até o final do primeiro ano, a criança forma diversos sons imitativos (onomatopeias) e, através de um exercício do órgão fonador, desenvolve uma grande variedade de sons, numa espécie de jogo com a própria voz.

A linguagem propriamente dita começa no momento em que a criança liga uma manifestação sonora a uma co-

---

2. PIAGET, J. & INHELDER, B. *A psicologia da criança*. São Paulo: Difel, 1986.

municação intencional e, com isto, coloca um símbolo no lugar de seu conteúdo. As primeiras formas expressivas verbais não são conceitos lingiísticos no sentido gramatical. Palavras como "mamãe" têm o sentido de "Mamãe, estou com fome" ou "Mamãe, me carregue" e não designam apenas a mãe, mas expressam um desejo. Stern chamou de palavras-frase essas expressões que aparecem ao final do período sensório-motor, pois consistem no uso de apenas uma palavra para representar emoções, necessidades, e têm o significado de um período completo.

Com a instalação da função de representação, por volta de um ano e meio (embora haja variações significativas conforme a situação de cada criança), descobre que cada coisa tem um nome e compreende a função de designação da linguagem. Ao mesmo tempo que se instala uma fase em que pergunta "O que é isto?" assinalando os objetos, tende a narrar tudo o que experimenta. "Nenê quer água", "Nenê viu gato". A narração expressa não apenas ações presentes, mas também as passadas. Inicialmente, são duas palavras e, gradualmente, mais e mais palavras; primeiro usa substantivos e verbos e depois adjetivos e advérbios, ligando-os numa totalidade inteligível.

Ao final do segundo ano, a criança torna-se capaz de formular pequenas frases completas, sem conjugação dos verbos. A frase gramatical só vai aparecer, contudo, por volta dos 3-4 anos, quando a criança se torna capaz de conjugar verbos. Ao final do terceiro ano e geralmente no início do quarto ano de vida, a criança constrói o chamado período hipotáxico, constituído de frases principais subordinadas. Nesta época se instala um comportamento de curiosidade em relação à realidade circundante e tudo o que vê é perguntado, constituindo o que se denomina "fase dos porquês". A partir dos quatro anos, o desenvolvimento da linguagem progrediu tanto que se converte no meio de relacionamento social e instrumento próprio do pensamento.

A relação entre linguagem e pensamento mereceu anos de estudo de Piaget. Comparando as condutas próprias do período sensório-motor com as que são próprias do momento em que se instala a representação, ele observa algumas diferenças: em primeiro lugar, as condutas típicas da fase verbal são capazes de ultrapassar a velocidade da ação, já que, graças à narrativa e às evocações de todos os gêneros, podem introduzir ligações com rapidez muito maior. Em segundo lugar, enquanto as adaptações sensório-motoras são limitadas ao espaço e tempo próximos, a linguagem permite ao pensamento apoiar-se em extensões espaçotemporais bem mais amplas e libertam-se do imediato. A terceira diferença é que enquanto a inteligência sensório-motora procede por ações sucessivas e graduais, o pensamento chega, graças principalmente à linguagem, a representações simultâneas do conjunto[3].

Piaget ressalta, entretanto, que todos esses progressos do pensamento representativo em relação ao sensório-motor se devem à função semiótica em conjunto, pois é ela que destaca o pensamento da ação e cria, de algum modo, a representação. Deve-se realçar, nesse formativo, a importância da linguagem, pois, ao contrário dos outros instrumentos semióticos (imagem, desenho, etc.), a linguagem já é elaborada socialmente e contém um conjunto de instrumentos cognitivos (relações, classificações e outras operações) que se prestam a facilitar o pensamento.

---

3. PIAGET, J. & INHELDER, B. *A psicologia da criança*. São Paulo: Difel, 1986, p. 75.

Quadro síntese do desenvolvimento da função de representação

Idade aproximada	Desenho (Luquet)	Jogo	Imagens	Linguagem
2 anos	Realismo fortuito (garatuja)	Jogo-exercício Jogo simbólico	Pré-operatórias (simples imitação material) são imagens-cópia, estáticas, com dificuldade de reproduzir movimentos e transformações	Palavra frase (1 ano) pré-frase (18 meses) Frase gramatical (2 anos) Idade dos porquês (3 anos)
3-4 anos	Realismo gorado	Jogo de construção		
5-6 anos	Realismo intelectual (ignora perspectiva e relações métricas, mas considera relações topológicas)			

Idade aproximada	Desenho (Luquet)	Jogo	Imagens	Linguagem
7-8 anos		Jogo com regras	Operatórias (imagens própria-mentais) imagens cinéticas e de transformação reprodução de movimentos e transformações e imagens antecipadoras	
8-9 anos	Realismo visual (considera perspectiva e relações métricas)			

5
O período pré-operatório

A maioria dos textos de Piaget usa a denominação período pré-operatório para definir a fase de desenvolvimento que vai do nascimento até o início da fase operacional. Entretanto, considerando a diferença observável entre dois momentos deste período, preferimos falar separadamente de estádio sensório-motor, que vai de zero a aproximadamente dois anos e de estádio objetivo-simbólico, que vai de aproximadamente dois anos até cerca de seis ou sete anos.

A denominação objetivo-simbólico se prende à característica do desenvolvimento próprio desta fase, isto é, diz-se estádio objetivo porque se trata de um momento em que a criança se volta para a realidade exterior, tentando descobri-la, e diz-se estádio simbólico porque é neste momento que a representação mental (especialmente a linguagem) se instala. No período sensório-motor, o desenvolvimento foi centrado na própria criança, mas a partir de aproximadamente dois anos todos os recursos para explorar e conhecer o mundo ao seu redor passam a ser utilizados pela criança; seu interesse se expande do subjetivo para o *objetivo*. Neste processo de descoberta, a linguagem e as outras funções de representação oferecem uma contribuição importante e, por este motivo, o desenvolvimento tem como característica o fato de ser *simbólico*.

A partir, portanto, de aproximadamente 18 meses, graças à instalação da representação, a criança se torna capaz de reconstituir ações passadas sob a forma de narrativas, de antecipar suas noções futuras pela representação verbal, de representar cenas vistas anteriormente através do jogo simbólico ou da mímica. A linguagem, o jogo simbólico, a imitação diferida e, provavelmente, os primórdios da imagem mental, concebida como uma imitação interiorizada, vão se organizando.

Este período é o que maior atenção mereceu de Piaget. Sintetizá-lo é, por isso, difícil, e ainda mais difícil esquematizá-lo em subperíodos. Parece-nos melhor enumerar suas características peculiares, que o diferenciam dos outros estádios, colocando-o a meio caminho das operações lógicas concretas. De início, convém lembrar que a inteligência sensório-motora só é capaz de ligar, uma a uma, as ações sucessivas aos estados perceptuais com os quais se relaciona. Piaget a compara ao filme em câmara lenta, que apresenta uma fotografia estática após outra, mas não consegue dar uma visão simultânea e completa de todas as fotografias. Já o pensamento representacional, graças à sua capacidade simbólica, apreende, simultaneamente, numa síntese interna, única, uma série de fatos. Sendo uma inteligência de ação, a sensório-motora está limitada à perseguição de metas concretas da ação, mais que à busca do conhecimento, enquanto o pensamento representacional pode refletir sobre a organização de seus próprios atos, já que ele é contemplativo da ação, em lugar de ser meramente ativo. Outra característica distintiva do pensamento pré-operacional é sua capacidade para superar o presente imediato, que lhe possibilita, com o tempo, estender seu alcance muito além dos atos presentes, concretos do sujeito e dos objetos presentes, concretos do ambiente.

Finalmente, a cognição representacional pode socializar-se – e aos poucos se socializa – por meio de um sistema de símbolos que toda a cultura pode compartir. Ao contrário deste, o nível sensório-motor da cognição está confinado às ações na realidade e não às representações da realidade, sendo forçosamente individual, particular, não compartilhado.

Decorrem dessas transformações pelo menos três consequências: a socialização da ação, a interiorização da palavra graças ao pensamento propriamente dito e a interiorização da ação, que passa a se reconstituir no plano intuitivo das imagens. No nível afetivo, desenvolvem-se os sentimentos interindividuais, como as simpatias e antipatias, o respeito e a irritação com algumas pessoas em particular. A afetividade interior também se organiza neste período mais que antes. Passamos a analisar as três consequências a que fizemos alusão.

5.1. A socialização da ação

A troca e a comunicação entre os indivíduos, que se torna possível graças à linguagem, é o que se chama socialização da ação. A imitação exerce um papel importante nas relações interindividuais. Inicialmente, a criança imita movimentos visíveis em seu próprio corpo, como o bater palmas, em que ela vê suas mãos. Depois, a imitação vai se tornando uma cópia de movimentos conhecidos e só mais tarde a criança se torna capaz de imitar gestos e expressões não visíveis em seu próprio corpo, como as caretas, os movimentos da cabeça ou dos braços para trás ou acima da cabeça.

A criança pré-operatória tenta se comunicar com as pessoas, mas ainda não se coloca segundo o ponto de vista do outro. Tenta dar explicações a quem não está participando de uma situação como se estivesse explicando para si mesma. O monólogo coletivo, ao qual nos referimos como uma modalidade de linguagem egocêntrica, é a evidência desta tentativa de comunicação em que a criança fala a si própria, sem cessar, mas não consegue colocar-se na pele da outra, passando a ela informações que lhe permitem entender a situação.

Infere-se, portanto, que as condutas sociais permanecem, ainda, a meio caminho da socialização, pois em lugar de sair de seu ponto de vista para coordená-lo com o dos outros, o indivíduo permanece centrado em si mesmo. Nas relações que mantém com o adulto, mesmo levando-se em conta a superioridade que este manifesta em relação à criança, o egocentrismo infantil persiste.

5.2. A gênese do pensamento

Sob a dupla influência da linguagem e da socialização, ocorre uma transformação da inteligência que pode ser considerada a emergência do pensamento propriamente dito. A linguagem permite ao sujeito contar suas ações, reconstituir fatos passados e evocar situações vividas anteriormente, além de evocar os objetos e pessoas na ausência deles. O pensamento parte exatamente daí; ele já não está vinculado exclusivamente ao eu, mas a um plano de comunicação que lhe dá uma grande importância, pois a linguagem é um código que pertence a todos.

Analisando a gênese do pensamento, verifica-se que, inicialmente, a criança começa por uma incorporação de dados ao seu eu e à sua atividade, uma assimilação egocêntrica que marca seu pensamento e sua socialização e que carece de objetividade; a esta forma de pensamento chama-se pensamento egocêntrico. A segunda forma de pensamento que se manifesta é a do pensamento adaptado aos outros e ao real, que prepara o pensamento lógico e que é denominada pensamento intuitivo.

O egocentrismo é uma disposição afetivo-intelectual que se apresenta sempre que uma alteração da realidade social do sujeito não é acompanhada da capacidade de representar tal realidade. Tal disposição acontece em momentos bem definidos do desenvolvimento, como o período ao qual nos referimos, a adolescência, a velhice.

No período objetivo-simbólico, o pensamento egocêntrico da criança se caracteriza pelo fato de sua lógica estar centrada na própria criança. Uma consequência desse egocentrismo é a incapacidade da criança de colocar seu próprio ponto de vista como um entre muitos outros pontos de vista possíveis, e para tratar de coordená-lo com estes. Deste modo, desconhecendo a orientação dos demais, a criança não sente a necessidade de justificar seus raciocínios perante outros, nem de buscar possíveis contradições em sua lógica. Causalmente ligado a isto, vem o fato de a criança ser incapaz de tratar seus próprios processos de pensamento (como, por exemplo, sua incapacidade de reconstruir uma cadeia de raciocínios que acaba de seguir para resolver um problema). Em razão dessas características, Piaget situa o pensamento pré-operacional a meio caminho entre o pensamento adulto socializado e o pensamento autístico do inconsciente freudiano.

O pensamento egocêntrico se manifesta através das seguintes manifestações: animismo, artificialismo e finalismo. O animismo é a tendência a atribuir vida (*anima*) a todos os seres, mesmo os inanimados. Como exemplo, a atitude da criança que, ao tropeçar numa pedra, considera que esta é má, quer machucá-la. O artificialismo é a tendência a atribuir uma origem artesanal humana a todas as coisas. Assim, a montanha foi feita por um homem muito grande que ajuntou muita terra. Aos poucos, esta ideia é substituída, em nossa cultura, pelo Papai do Céu. O finalismo é a tendência da criança considerar que todos os seres e objetos têm uma finalidade, que é servi-la. Como exemplo, se consultada sobre o que é uma cama, a criança responde que é "para mim dormir" e quando perguntamos o que é um brinquedo, diz "é para mim brincar".

Uma importante característica do pensamento pré-operacional é a *incapacidade de descentração*, pois, diante de uma situação, a criança nesta etapa do desenvolvimento tende a centrar a atenção num só traço mais saliente do objeto de seu raciocínio, em detrimento dos demais aspectos importantes. Ela se mostra incapaz de descentrar, isto é, de tomar em consideração aspectos que poderiam equilibrar e compensar os efeitos distorcedores do raciocínio, que se fixa apenas num aspecto particular da realidade. Diante de um copo e de uma taça, na clássica experiência de Piaget, ela presta atenção na altura e não na largura, sendo incapaz de efetuar as compensações.

A criança, nesta fase, *fixa os estados e não consegue acompanhar as transformações.* Assim, ela tende a concentrar sua atenção nos aspectos ou configurações sucessivos de uma coisa, mais do que nas transformações através das quais um estado se transforma em outro. Por isso, diz-se que o pensamento pré-operacional é estático, imóvel, pode concentrar-se, de maneira esporádica e impressionista, nesta ou naquela condição momentânea, estática, mas não liga de modo adequado uma sucessão de condições numa totalidade integrada, levando em consideração as transformações que as unificam e as fazem logicamente coerentes. Novamente lembrando uma experiência feita por Piaget, mesmo quando a transformação da bola de massa plástica em salsicha é feita diante da criança, ela só se fixa num momento final para dar sua resposta, como se não tivesse presenciado o processo.

Desenvolvendo-se a partir de imagens concretas e estáticas da realidade, o pensamento pré-operacional é marcado pela *irreversibilidade.* Diz-se que uma organização cognoscitiva é reversível se pode percorrer uma trajetória e depois retornar ao ponto de partida. O pensamento reversível é flexível, móvel, capaz de corrigir os aspectos superficiais distorcidos, por meio de descentrações sucessivas e rápidas. Entretanto, o pensamento pré-operacional, lento e muito concreto, não é reversível, pois não faz mais do que repetir aspectos irreversíveis da realidade e não consegue anular um percurso. Por isto, a criança não consegue entender que a bola transformada em salsicha pode ser novamente transformada em bola e que a água do copo que foi colocada na taça pode retornar à taça.

Predomina, também, nesta fase, a *transdução*, modelo de raciocínio primitivo, baseado em relações analógicas, que se orienta do particular para o particular. O raciocínio transdutivo tende a justapor os elementos sem vinculá-los, mediante apelos à necessidade lógica ou à causalidade física e se manifesta através dos pré-conceitos e das pré-relações. Os pré-conceitos são conceitos prévios, construídos do particular para o particular, sem fazer generalizações; são concretos e compostos de imagens, em lugar de serem esquemáticos e abstratos como são os conceitos.

Concluindo esta análise, deve-se registrar que por volta de quatro a cinco anos e meio, aparecem as organizações representativas, fundadas sobre configurações estáticas ou sobre assimilação à própria ação. Este período coincide com a fase dos porquês, e as primeiras estruturas representativas têm um caráter de dualidade dos estados e das transformações: enquanto os estados são pensados como configurações estáticas (é o caso do papel das coleções figurais quando a criança forma classes), as transformações são assimiladas às ações, e a criança tende a não percebê-las.

De cinco anos e meio a aproximadamente sete anos aparecem as regulações representativas articuladas; a fase é intermediária entre não conservação e a conservação, e marca o início das ligações entre estados e transformações, tornando possível pensá-las sob forma semirreversível. Neste momento, a criança já é capaz de acompanhar o movimento de se transformar a bola de massa em salsicha e admitir que é possível voltá-la à forma anterior.

5.3. A intuição

A partir dos quatro anos, o tipo dominante de raciocínio é denominado intuição. Trata-se de um tipo de raciocínio que, embora seja bastante rápido, é ainda pré-lógico e fundamenta-se exclusivamente na percepção. Graças ao raciocínio intuitivo, a criança adquire um modo de lidar com informações de diferentes fontes e com muitos dos problemas de integração, segundo diferentes pontos de vista. Embora frequentemente possa descobrir o caminho de seu raciocínio num problema, não tem ainda uma clara representação conceitual que permita chegar à resposta correta.

O pensamento intuitivo desconhece a reversibilidade e a conservação. Não é ainda uma lógica, mas uma semilógica, e, à falta de operações inversas, não tem uma estrutura operativa. O que a criança intuitiva faz é realizar operações em suas imagens mentais; considera a imagem mental em toda sua concreticidade e depois a organiza mentalmente, a fim de conseguir informações novas. Tudo se passa como se a imagem mental seguisse as leis que governam o objeto real, mas não pudesse formular conceitualmente tais leis e, assim, chegar a uma resposta baseada numa lógica.

A criança nesta fase ainda não possui um domínio verbal como possui domínio da ação e da manipulação. Existe uma inteligência prática, que de um lado prolonga a inteligência senso-motora e de outro prepara as noções técnicas que se desenvolverão a partir do período operacional. A experiência feita por Piaget de enfileirar fichas azuis, com pequenos intervalos, e pedir às crianças que façam uma fileira igual usando fichas vermelhas constitui um bom exemplo desta inteligência prática. Verifica-se que a criança avalia apenas o espaço ocupado pelas fichas azuis, sem se preocupar com o número de elementos ou com a correspondência termo a termo entre as duas fileiras. Estas intuições são apenas esquemas perceptivos ou esquemas de ação transpostos ou interiorizados como representações. São imagens ou imitações da realidade, a meio caminho entre a experiência efetiva e a experiência mental, não se constituindo ainda como operações lógicas, passíveis de serem generalizadas e combinadas entre si. Comparada à lógica, a intuição é menos estável, do ponto de vista do equilíbrio, devido à ausência da reversibilidade.

5.4. A afetividade no período objetivo-simbólico

Embora Piaget não tenha privilegiado o estudo da afetividade, ele considera que em toda conduta as motivações e o dinamismo energético provêm da afetividade. Para ele, nunca há ação puramente intelectual, assim como também não há atos que sejam puramente afetivos. Sempre os dois aspectos – inteligência e afetividade – intervêm nas ações e pensamentos humanos.

No período objetivo simbólico, algumas manifestações afetivas se apresentam: os sentimentos interindividuais (afeições, simpatias, antipatias), ligados à socialização das ações; a aparição de sentimentos morais, provenientes das relações com adultos e crianças, e as regularizações de interesses e valores, que estão ligadas ao pensamento intuitivo em geral.

O interesse, que é o mais simples dos aspectos apresentados acima, é o prolongamento das necessidades; um objeto torna-se interessante quando responde a uma necessidade. Desde a fase sensório-motora a criança manifesta interesse, que é a orientação própria a todo ato de assimilação mental (assimilar mentalmente é incorporar o objeto ao eu). Com o desenvolvimento do pensamento intuitivo, os interesses se multiplicam e se diferenciam, dando lugar ao aparecimento dos valores, que aparecem através das palavras, do desenho, da imagem. Todas as realidades com as quais a criança convive adquirem valor na medida de suas necessidades, dependendo do equilíbrio mental naquele momento e sobretudo das novas incorporações necessárias à sua manutenção.

Juntamente com os interesses e valores, surgem os sentimentos de autovalorização, os sentimentos de superioridade e de inferioridade. Os sucessos e fracassos da criança em suas atividades conduzem a um autojulgamento e se registram numa escala permanente de valores. Os resultados desta avaliação podem determinar repercussões importantes sobre o seu desenvolvimento.

Do mesmo modo que o pensamento intuitivo está ligado à existência de signos verbais (linguagem), os sentimentos espontâneos de pessoa para pessoa nascem de uma troca de valores, que vai se tornando cada vez mais rica. A simpatia surge de uma valorização mútua e de uma escala de valores que permite trocas. Simpatizar com alguém é concordar com este alguém, é possuir os mesmos valores. A comunidade de valores entre a criança e os pais é a explicação mais clara da simpatia que se estabelece entre eles, já que a criança molda seus valores à imagem de seu pai e de sua mãe. O respeito tem origem na relação interindividual em que a criança percebe a outra pessoa como superior a ela; ele é um composto de afeição e temor e explica por que as pessoas respeitadas são obedecidas. É neste sentido que se estabelece a primeira forma de moral da criança, que é a obediência aos avisos e ordem emitidos pelos pais e outros adultos que ela respeita. Ela não procura compreender a regra de conduta que lhe é imposta; ela apenas assimila esta regra à sua conduta. Os primeiros valores morais são, pois, moldados na regra recebida, graças ao respeito unilateral, e as regras são tomadas ao pé da letra e não em sua essência. Para que os valores se organizem em sistema coerente, será preciso que o julgamento moral tenha uma certa autonomia, baseando-se no respeito mútuo, o que só acontecerá quando a criança pensar logicamente, o que só acontecerá efetivamente no próximo estádio de desenvolvimento.

Em síntese, pode-se afirmar que interesses, valores, autovalorizações, valores interindividuais e julgamento moral heterônomo constituem as principais cristalizações da vida afetiva do nível de desenvolvimento objetivo-simbólico.

6
O período operacional concreto

6.1. Uma referência às operações lógicas

A partir de aproximadamente 7 anos, muda-se a forma pela qual a criança aborda o mundo. No período pré-operatório, a criança construía seu conhecimento sobre o mundo através de manipulações, isto é, ações que implicam em contato direto com o real. A partir do período em que se instala a conservação, o egocentrismo regride e estas ações são substituídas por operações, que são ações interiorizadas (conhecer o real implica em pensar sobre ele) e reversíveis (uma ação pode voltar ao ponto de partida ou ser anulada através de uma operação mental).

A capacidade de representar mentalmente o mundo, iniciada aos 18 meses, leva cerca de 5 a 6 anos para ser usada em sua plenitude, permitindo interiorizar as ações. É a partir do período operatório que a criança se torna capaz de reconstruir, no plano da representação, o que já havia construído no plano da ação. Deste modo, a criança passa de um estado inicial em que tudo está centrado no corpo e na ação próprios do sujeito a um estado de descentração que implica em relações objetivas com os acontecimentos, objetos e pessoas.

A descentração necessária para se chegar às operações não se baseia apenas num universo físico, mas também num universo social; isto significa que a criança passa a elaborar o seu conhecimento do mundo levando em conta os sujeitos com os quais convive e que são, ao mesmo tempo, diferentes e semelhantes a ela. O desenvolvimento cognitivo está, portanto, estreitamente relacionado ao desenvolvimento afetivo-social, pois a cooperação que emerge dessas relações entre iguais é indispensável à objetividade, à coerência interna e à universalidade das estruturas operatórias. Vale a pena lembrar que as relações interindividuais têm uma importância significativa no desenvolvimento das operações lógicas, que são, acima de tudo, cooperações.

Segundo Piaget, as operações lógicas que vão emergindo ao longo do processo de desenvolvimento têm como modelo as operações lógico-matemáticas e se organizam como estruturas mentais. Por se assemelharem à estrutura matemática ideal e perfeita do *grupo*, as operações lógicas são por ele denominadas *agrupamentos*, já que lhes falta a perfeição do modelo teórico ideal. É possível identificar operações lógico-matemáticas, cujo desenvolvimento ocorre durante os períodos operatórios concreto e operatório abstrato ou formal. A relação dessas operações e dos períodos do desenvolvimento em que emergem é a seguinte:

Operação lógica	Época aproximada em que emerge
Classificação Seriação	Primeiro subestádio de operações concretas
Multiplicação lógica Compensação simples	Segundo subestádio de operações concretas
Compensações complexas Razão proporção	Primeiro subestádio de operações abstratas
Probabilidade Indução de leis ou correlação	Segundo subestádio de operações abstratas

O aparecimento dessas operações se dá sempre na mesma ordem, embora a cronologia possa variar de uma criança para outra. Existe uma hierarquia entre as operações lógicas, de modo que a ocorrência de uma depende sempre da que a antecede. Apenas as operações de classificação e seriação parecem ocorrer simultaneamente, sem que uma anteceda a outra.

Como se depreende do quadro acima, algumas dessas operações acontecem no período operacional concreto: as classificações, as seriações e as compensações simples, e outras só emergirão no período operacional abstrato: as compensações complexas que correspondem ao grupo das quatro reversibilidades; a razão-proporção ou proporcionalidade, e a probabilidade, que é estreitamente associada à combinatória e à indução de leis.

Além disso, cada operação lógica tende a apresentar uma complexidade crescente ao longo do desenvolvimento; assim, a classificação de acordo com um só critério emerge no início do período operacional concreto; no final do período estarão presentes classificações segundo diversos critérios, mas a combinatória, que é a classificação das classificações, só se instala por volta dos 12 anos, no período operatório formal, porque requer a capacidade de se pensar abstratamente.

6.2. O estádio operacional concreto

Os termos "operações" e "concretas" evidenciam as características próprias da fase de desenvolvimento que vai de aproximadamente sete anos até por volta de 11-12 anos.

As *operações* consistem em transformações reversíveis e tal reversibilidade pode consistir em inversões (A – A = 0) ou em reciprocidade (A corresponde a B e reciprocamente B corresponde a A). Na fase de operações concretas a criança compreende cada uma dessas formas de reversibilidade, sem, contudo, coordená-las. As operações em jogo neste momento baseiam-se diretamente nos objetos e não ainda em hipóteses enunciadas verbalmente, como será o caso das operações proposicionais; por isso são chamadas operações *concretas*.

O estádio das operações concretas constitui, pois, uma fase de transição entre a ação e as estruturas lógicas mais gerais, que implicam uma combinatória e que irão emergir na adolescência.

Segundo Piaget, o desenvolvimento cognitivo, neste período, se caracteriza pela emergência de duas ordens de operações: as operações lógico-matemáticas e as operações infralógicas.

As operações concretas de caráter lógico-matemático versam sobre "semelhanças" (classes e relações simétricas), "diferenças" (relações assimétricas) ou ambas ao mesmo tempo. São, pois, classificações, seriações, multiplicação lógica e compensações simples.

As operações concretas de caráter infralógico não são assim chamadas porque tenham um rigor lógico inferior, mas porque "elas são formadoras da noção do objeto como tal, por oposição ao conjunto de objetos". Sendo constitutivas do objeto, as operações infralógicas dizem respeito às conservações físicas (conservação de quantidade de matéria, de peso e de volume) e à constituição do espaço (conservações de comprimento, superfície, perímetro, horizontais, verticais, etc.).

As operações constitutivas do espaço têm a particularidade de serem acompanhadas de imagens mentais relativamente adequadas e podem traduzir-se por representações figuradas. As operações lógico-matemáticas, por sua vez, não excluem as imagens, mas não têm relação com elas. Assim, a imagem de um número ou de uma classe lógica não é um número nem uma classe. Mas, tratando-se do espaço, a imagem representa um papel importante, pois ela própria tem um caráter espacial; a imagem de um quadrado, por exemplo, é mais ou menos um quadrado. Embora a imagem desempenhe um papel específico no domínio espacial, isso não significa que ela própria constitua o motor principal da intuição geométrica.

Em resumo, pode-se dizer que as operações lógico-matemáticas próprias deste estádio partem dos objetos, tentando reuni-los em classes, ordená-los, multiplicá-los, etc., mas não se ocupam do objeto em sua composição interna. Já as operações espaciais têm como limite superior o objeto contínuo (a figura, o plano) enquanto objeto contínuo, decompondo-o em partes que podem voltar a ligar-se, de maneiras diversas.

Sendo, pois, constitutivas do objeto enquanto tal, as operações infralógicas resultam na construção de invariantes físicas (substância, peso, volume) e de invariantes espaciais (conservação dos comprimentos, superfícies, perímetros, estabelecimento de horizontais, verticais, etc.).

Embora analise separadamente as operações lógicas e infralógicas, Piaget considera que há uma estreita relação entre o funcionamento das estruturas lógicas e infralógicas. Os invariantes a que nos referimos são indispensáveis ao funcionamento das estruturas lógicas; e as operações lógicas repousam na noção de conservação, que é o fundamento das operações infralógicas.

6.2.1. O desenvolvimento das operações infralógicas

O período operatório concreto é a fase em que aparecem as operações lógicas e também as operações infralógicas. Existe uma estreita relação entre esses dois tipos de operações, podendo-se dizer que umas são indispensáveis ao desenvolvimento das outras.

As operações infralógicas são constitutivas do objeto enquanto tal. Resultam da construção de invariantes físicas (substância, peso, volume) e de invariantes espaciais (comprimento, superfície, volume, estabelecimento de horizontais, verticais, etc.).

Uma transformação operatória não modifica tudo ao mesmo tempo; pode mudar-se a forma de um objeto e não modificar-se seu volume ou quantidade de massa. Há sempre um invariante e é esse invariante do sistema de transformações que Piaget denominou noção ou esquema de conservação.

No estádio de operações concretas emergem vários esquemas de conservação, que só se tornarão efetivamente constituídos depois de sustentados por uma estruturação lógico-matemática devida às atividades do sujeito. Por isso, as noções de conservação se constituem paralelamente à elaboração das estruturas lógico-matemáticas de classes, relações e número.

Cada uma das noções de conservação surge em determinado momento do desenvolvimento e algumas mais complexas têm como subestruturas outras mais simples. Como as operações concretas incidem sobre o real concreto (enquanto, por outro lado, as operações formais incidem sobre hipóteses), elas dependem deste real e verifica-se que as crianças experimentam dificuldades para se desprender das configurações perceptivas e prender-se às transformações. Por isto optamos por tratar, em primeiro lugar, das conservações. As experiências sugeridas neste livro abordarão os vários tipos de conservação e as defasagens horizontais entre elas. Neste capítulo, vamos nos ater apenas a algumas observações essenciais sobre cada uma delas.

a) Conservações físicas

A) CONSERVAÇÃO DA QUANTIDADE

Muito conhecido é o clássico exemplo do transvasamento do líquido de um copo A estreito e longo para uma taça B, larga e baixa. Quando se pergunta à criança onde tem mais líquido, ela se confunde, considerando que há mais água no copo que é mais longo ou na taça, que é mais larga. Isto ocorre porque a criança presta atenção apenas a um dos aspectos do recipiente – a largura ou a altura – e ignora a operação do transvasamento. Piaget concluiu que, antes de aproximadamente 6 anos, os sujeitos parecem raciocinar apenas sobre os estados ou configurações, desprezando as transformações (se a água está mais alta, aumentou a quantidade; não importa que seja a mesma água transvasada). Assim, mesmo que acompanhe a transformação, esta ação não é concebida como tal, ou seja, como passagem reversível de um estado a outro, que modifica a forma, deixando, contudo, a quantidade invariável.

A partir da fase de operações concretas, entretanto, a criança dirá que "é a mesma água; ela só foi despejada noutro copo, mas não se tirou nem acrescentou nada" (*identidade simples ou aditiva*) ou que se pode pôr, como estava antes, a água de B em A (e nesse caso tem-se a reversibilidade por inversão); pode, ainda, dizer que "um copo é mais estreito, mas é mais alto, por isto é a mesma coisa" (*compensação ou reversibilidade por reciprocidade de relações*). A partir de aproximadamente 8 anos, os estados subordinam-se às transformações e estas descentrações em suas variações compensadas e também a invariante implicada pela reversibilidade. Vários fatores interferem no descobrimento das conservações: o exercício de mecanismos fundamentais de reversibilidade, identidade e compensação, sucessão de estratégias das mais simples às complexas.

Na construção da noção de conservação notam-se etapas diferentes. Na primeira etapa, por volta de 5 anos, a criança oscila, afirmando que há mais água ora num copo, ora noutro ou que há mais massa ora na bola ora na salsicha – é a etapa de não conservação. Na segunda etapa, a criança já se fixa numa das respostas e dá sua explicação: "há mais água no copo, porque ele é comprido; há mais na taça porque ela é larga". É uma etapa de semiconservação ou etapa intermediária entre a não conservação e a conservação. Nesta etapa, os sujeitos se fundam em sua argumentação na configuração perceptiva para negar a igualdade da substância. Por volta de 7-8 anos, a criança afirma que a quantidade de matéria permanece a mesma, apesar das deformações. A resposta, agora, é baseada nas transformações e não mais nas configurações (ou na aparência perceptiva).

B) CONSERVAÇÃO DO PESO

Esta é, dentre as operações infralógicas de conservação física, a segunda a aparecer; geralmente, por volta de 8 a 9 anos. Usa-se, para avaliá-la, a experiência com balanças de Roberval, nas quais se colocam substâncias (porção de massa plástica) cuja forma foi alterada (inicialmente tendo a forma de bola, a massa é transformada em salsicha, por exemplo). As mesmas etapas de não conservação, semiconservação e conservação são observadas com relação ao peso, até que a operação se estruture de forma adequada.

C) CONSERVAÇÃO DO VOLUME

É a última forma de conservação física a se instalar; só sendo adquirida por volta de 10-11 anos. Segundo Piaget, a aquisição desta operação infralógica é contemporânea das operações formais, já que requer a contribuição da noção de proporcionalidade, operação lógico-matemática própria deste nível de desenvolvimento.

Há uma ordem genética no aparecimento dos 3 tipos de conservação mencionados; a criança primeiro domina a conservação da substância, depois do peso, depois do volume, havendo, entre uma e outra, a defasagem de aproximadamente dois anos.

b) Conservações espaciais

No período operacional concreto, um certo número de invariante de operações lógicas, correlacionadas ao espaço, se estruturam – a conservação do comprimento, da superfície e dos volumes espaciais.

a) *Conservação do comprimento* – É a primeira a se instalar, por volta de 7 anos. Ela supõe o domínio da noção de distância e o recurso a um sistema de referências, isto é, a conservação do comprimento requer a constituição do espaço como quadro que contém os objetos e no qual se conservam as distâncias.

b) *Conservação da superfície* – Assim como a conservação dos perímetros, também é alcançada por volta dos 7 anos. Para avaliar a conservação da superfície, Piaget, Inhelder e Szeminska usaram a experiência dos campos e das vacas, à qual faremos referência adiante.

c) *Conservação do volume espacial* – Foi avaliada pela experiência das ilhas sobre o lago, também citada adiante. As etapas observadas neste tipo de conservação são as seguintes:

• Inicialmente, antes dos 7 anos, a criança é incapaz de dissociar altura e volume; para reconstruir uma casa com o mesmo volume do modelo, mas sobre uma base menor, a criança o cerca de paredes, fechando as superfícies visíveis.

• De 7 a 9 anos, as crianças vão gradualmente colocando em relação as 3 dimensões – forma, altura e volume, mas sem estabelecer ainda medidas ou compensações fundadas num sistema de unidades. Assim, sobre uma base menor, a criança tenta construir um cubo mais alto que o modelo, mas não sabe ainda quanto deverá ser mais alto. Diz-se que o "volume interior" já foi apreendido, não se chegou ainda à conservação do volume espacial, isto é, a criança não relaciona ainda o volume do conjunto com os volumes que o cercam.

- Por volta de 9 anos começa a estabelecer-se a medida, por decomposição e recomposição por meio de unidades, mas a criança ainda não domina a multiplicação matemática que coloca os comprimentos ou superfícies fronteiras em relação numérica com o volume. Nesta época é adquirida a constância de verticais e horizontais, que constitui o sistema de coordenadas.

- A partir de 11-12 anos a criança descobre a relação matemática entre superfície e volume, e chega a descobrir a conservação do volume enquanto volume ocupado pelo conjunto do objeto no meio formado por outros objetos.

6.2.2. O desenvolvimento das operações lógicas

As operações lógicas de classificação, seriação, multiplicação lógica e compensação simples emergem no período operacional concreto.

a) A operação lógica de classificação

A classificação é uma operação lógica que consiste na capacidade de separar objetos, pessoas, fatos ou ideias em classes ou grupos, tendo por critério uma ou várias características comuns.

A classificação é um agrupamento básico, cujas origens podem ser encontradas nas assimilações próprias dos esquemas sensório-motores. Quando se pede às crianças que formem classes, reunindo objetos que são parecidos, notam-se as seguintes etapas:

a) Coleções figurais: são reunidos os objetos semelhantes, mas justapondo-os espacialmente em fileiras, círculos, quadrados, de tal modo que a coleção forme uma figura no espaço, que sirva de expressão perceptiva ou acompanhada da imagem de "extensão" da classe.

b) Coleções não figurais: os objetos são reunidos em pequenos conjuntos, sem forma espacial, e podem diferenciar-se em subconjuntos. Embora a classificação pareça racional, é ainda deficiente neste período (5 anos e meio-8 anos), pois a criança ainda não compreende as relações parte-todo. Por isto, tendo um conjunto A, formado pelos subconjuntos B e C, a criança não é capaz de comparar A e B ou A e C (esta comparação estabeleceria a relação parte-todo), mas tão somente B e C, que são as partes ou subconjuntos. Isto ocorre porque, se a criança focaliza sua atenção na parte B, o todo A deixa de conservar-se como unidade. Incapaz desta descentração, a criança só consegue comparar B à sua suplementar C.

c) Classificação operatória: é conseguida por volta de 8 anos e caracteriza-se pelo encaixe de classes de extensão, o que não ocorria às coleções não figurais. É também denominada classe-inclusão ou inclusão de classes.

b) A operação lógica de seriação

A seriação é o modelo de agrupamento que consiste em ordenar os elementos segundo sua grandeza crescente ou decrescente. As raízes da seriação são também encontradas na fase sensório-motora, quando a criança de aproximadamente dois anos constrói, por exemplo, uma torre de cubos, cujas diferenças dimensionais são claras e imediatamente perceptíveis. O desenvolvimento da operação lógica de seriação, contudo, segue as seguintes etapas evolutivas:

a) Inicialmente a criança compara pares ou pequenos conjuntos (uma pequena, uma grande, etc.), mas não coordena entre si tais comparações.

b) Em seguida, a criança procede por tateios empíricos, que constituem regulações semirreversíveis, mas não ainda operatórias; a criança é capaz de organizar uma fileira de reguinhas de tamanhos diferentes, mas quando lhe apresentamos uma ou duas reguinhas que devem fazer parte do conjunto, ela se mostra incapaz de desfazer sua ordenação e colocá-las.

c) Finalmente, a criança torna-se capaz de sistematicamente procurar, por comparações de duas a duas, primeiro o elemento menor, depois o menor dos que ficaram, e, assim, sucessivamente. Nesse caso o método é operatório e reflete uma reversibilidade por reciprocidade. Quando essa estrutura atinge seu completamento, dela resulta um novo modo de composição dedutiva: a transitividade, ou seja: $A<C$ se $A<B$ e $B<C$, fazendo comparar A e B e depois B e C, e, em seguida, ocultando-se A para fazer inferir sua relação com C.

A seriação operatória é alcançada por volta de 7 anos, e dela derivam progressos ulteriores: as correspondências seriais, que consistem em fazer corresponder a um conjunto de objetos de tamanhos diferentes, outro conjunto de objetos igualmente diferentes em tamanho, seriando-os e fazendo corresponder termo a termo. Um outro progresso corresponde às seriações de duas dimensões, como, por exemplo, dispor numa matriz flores de papel que diferem, ao mesmo tempo, pelo tamanho e pela tonalidade que vai do azul-claro ao azul-escuro.

c) A operação lógica de multiplicação lógica

Esta operação lógica, que combina a seriação e a classificação, permite relacionar séries de acontecimentos em processo de mudança, agrupando-os de acordo com duas ou mais variáveis. Há vários tipos de multiplicação lógica: multiplicação biunívoca de classes, multiplicação biunívoca de relações, multiplicação counívoca de classes, multiplicação counívoca de relações. Neste texto não nos deteremos em analisar essas modalidades.

d) A operação lógica de compensação

Esta operação lógica, que se instala na segunda etapa do período operacional concreto, constitui um tipo de raciocínio que tenta restabelecer o equilíbrio de um sistema, modificando uma variável do próprio sistema ou de um sistema diferente.

Um problema através do qual se verifica o raciocínio compensatório é o seguinte: apresenta-se à criança uma balança, constituída de uma régua colocada sobre um tripé. Em cada uma das extremidades do braço da balança coloca-se um peso, estabelecendo o equilíbrio. Em seguida coloca-se um peso adicional do lado direito, fazendo o braço da balança pender para este lado e consulta-se a criança sobre o que se deve fazer para reequilibrar a balança.

Sabe-se que para restabelecer o equilíbrio seria preciso um dos seguintes recursos:

1) retirar o peso colocado do lado direito (negação da mudança original);

2) colocar um peso equivalente do lado esquerdo (inversão da mudança original);

3) mover o braço da balança para a esquerda.

Na fase operacional concreta a criança descobre a reversibilidade e a explica mediante um desses recursos, mas ainda não é capaz de coordená-los: quando atinge o raciocínio lógico abstrato, a criança se torna capaz de compreender e combinar os tipos de encaminhamentos possíveis.

6.2.3. O desenvolvimento dos conceitos

Os conceitos matemáticos de número, tempo e espaço e os conceitos combinados de espaço, tempo e velocidade desenvolvem-se em estreita relação com as operações lógicas e infralógicas.

a) Conceito de número

A formação do conceito de número efetua-se, na criança, em estreita conexão com a conservação numérica e com as operações lógicas de classificação e seriação.

O fato de ter aprendido a contar verbalmente não significa o domínio do conceito de número. No período intuitivo, a avaliação numérica permanece ligada à disposição espacial dos elementos de um conjunto; basta alterar a distância entre os objetos dispostos numa série, para que a criança considere que houve alteração do número de objetos. Só se poderá falar em números operatórios quando a criança tiver constituído a conservação dos conjuntos numéricos independentemente dos arranjos espaciais (cf. conservações numéricas).

O conceito aritmético de número depende, em primeiro lugar, da formação da noção de unidade; isto supõe que, abstraídas as qualidades diferenciais, cada elemento individual se torne equivalente a cada um dos outros: $1 = 1 = 1$, etc.

Uma vez estabelecido isto, os elementos se tornam classificáveis segundo as inclusões de classe (<): $1 < (1+1) < (1+1+1)$, etc. Evidencia-se aqui a importância da classificação operatória (classe-inclusão), pois os elementos isolados de uma quantidade continuam sendo partes da mesma quantidade.

Ao mesmo tempo, os elementos devem ser seriáveis no tempo e no espaço: $1 \rightarrow 1 \rightarrow 1$, etc., o que evidencia a importância das relações assimétricas – as partes isoladas só são numeráveis quando não podem ser substituídas por outras.

Conclui-se, pois, que o conceito de número aparece com a noção de unidade acrescida de uma síntese original e nova de duas operações lógicas: a classificação (em sua forma de classe-inclusão) e a seriação (em sua forma de relações assimétricas).

b) Conceito de espaço

As classificações, as seriações e a formação do conceito de número exigem estruturas operatórias que se baseiam em objetos descontínuos, suas semelhanças ou diferenças.

A noção de espaço, por sua vez, é fundamentada em estruturas operatórias que se baseiam em objetos contínuos, nas suas vizinhanças e separações – as estruturas infralógicas, às quais já nos referimos.

A medida espacial é uma operação que se constitui em estreito isomorfismo com a noção de número, mas independe desta. A medida se inicia com uma divisão do contínuo em classes; em seguida, para que se use a unidade, é preciso que uma das partes seja aplicada sucessivamente sobre o todo por deslocamento ordenado e isto corresponde a uma seriação. Assim, a medida surge como síntese do deslocamento e da adição partitiva, do mesmo modo que o número é a síntese da seriação e da inclusão de classes.

A medida é apenas um caso particular de operações espaciais. É interessante observar que o desenvolvimento das operações espaciais na criança apresenta uma sequência teórica: as estruturas topológicas de divisão de ordem (vizinhança, coordenação de vizinhanças em ordem depois bi e tridimensional) constituem um fundamento geral que precede nitidamente as estruturas projetivas (pontual, coordenação de pontos de vista, etc.) e as estruturas métricas (deslocamentos, medida de duas ou três dimensões em função de um sistema de referências ou coordenadas naturais).

c) Conceito de tempo

O conceito de tempo, por sua vez, repousa sobre três espécies de operações:

1) uma seriação de acontecimentos que constitui a ordem de *sucessão temporal dos eventos*;

2) um encaixe dos intervalos entre acontecimentos pontuais, fonte da *duração dos eventos*;

3) uma métrica temporal, isomorfa à métrica espacial, *simultaneidade dos eventos*.

d) Conceito de velocidade

O conceito de velocidade depende do estabelecimento de uma relação entre espaço e tempo. Esta noção não principia em sua forma métrica (velocidade = espaço: tempo) antes dos 10-11 anos de idade.

A sequência do desenvolvimento deste conceito de velocidade parece ser a seguinte: na fase pré-operatória a criança só considera os pontos de chegada; depois, estrutura operatoriamente as ultrapassagens antecipadas tanto quanto as constatadas; em seguida, toma em consideração a grandeza crescente ou decrescente dos intervalos (nível hiperordinal) e, finalmente, estabelece relação entre os espaços percorridos e o tempo gasto. Essa sequência de desenvolvimento se explica pelo seguinte: enquanto a estruturação ordinal da velocidade independe da duração, do tempo gasto (mas não da ordem temporal), a duração depende da velocidade.

Ao analisar a evolução da noção de tempo, a criança julga a duração apenas em função do conteúdo físico ou psicológico da situação e despreza a velocidade (a criança acredita, na fase pré-operacional, que o ponteiro de um relógio ou o café que cai na xícara deslocam-se com velocidades variáveis, conforme o conteúdo que há de ser avaliado). Só no período operacional estabelece-se uma relação objetiva entre o conteúdo e a velocidade de seu desenrolar de forma operatória.

6.2.4. O desenvolvimento da afetividade

O foco dos estudos de Piaget não foi a afetividade, mas ele se refere aos fenômenos afetivos como energizadores do desenvolvimento cognitivo e afirma que embora as estruturas cognitivas não expliquem as afetivas nem a afetividade explique a cognição, uma não pode funcionar sem a outra. Piaget toma o termo *social* em dois sentidos: o primeiro se refere às relações da criança com o adulto, enquanto fonte de transmissões educativas e linguísticas das contribuições culturais, do ponto de vista cognitivo e fonte de sentimentos específicos e particularmente do sentimento moral, do ponto de vista afetivo. Em segundo lugar, social se refere às relações das crianças com outras crianças e das relações de crianças com adultos no sentido de socialização.

Sobre o processo de socialização da criança na fase operatória, ele assume uma posição bem definida, ao admitir a importância das ações interindividuais e das ações intraindividuais. Para Piaget, a fase não é apenas caracterizada pelo aparecimento das operações, mas também pela importância que ganha neste período o relacionamento interindividual. Para dar ênfase a este aspecto, ele diz que o período é marcado pelas operações e cooperações. Assim, as trocas cognitivas feitas por crianças entre aproximadamente sete e onze anos desenvolvem tanto seu intelecto quanto sua afetividade.

Graças às relações da criança com seus pais e mesmo com outras crianças, emergem o senso do dever e o julgamento moral. O dever que, nas fases anteriores, se vê associado às instruções dadas por adultos significativos para a criança, constitui apenas uma forma de obediência (temor). A partir da fase operatória, entretanto, por volta de 7-8 anos, o senso de dever torna-se aliado à subjetividade, transformando-se no respeito, que é um misto de temor e afeição. Também este sentimento de dever está relacionado a manifestações intelectuais e afetivas.

O julgamento moral, que na fase anterior se manifestava sob a forma de heteronomia, neste período apresenta a autonomia. Com os progressos da cooperação social entre crianças e os progressos operatórios correlatos, a criança atinge relações morais novas, fundamentadas no respeito mútuo, que conduzem a uma certa autonomia. Piaget destaca dois aspectos importantes que caracterizam o desenvolvimento moral neste período: o primeiro é que geralmente as crianças recebem as regras dos jogos prontas, vindas dos adultos ou de crianças maiores. Entretanto, crianças de 8 anos já se sentem preparadas para questionar as regras e admitem que se as pessoas quiserem mudá-las poderão fazê-lo desde que haja consenso. O outro aspecto se refere a que o produto essencial do respeito mútuo é o sentimento de justiça, adquirido principalmente devido às influências dos pais.

7
O período operatório abstrato

O quarto estádio do desenvolvimento psíquico, denominado estádio ou período das operações lógico-formais ou lógico-abstrato, ocorre de 11-12 a 14-15 anos, e apresenta como característica essencial a distinção entre o real e o possível: o adolescente, ao tomar em consideração um problema, é capaz de prever todas as relações que poderiam ser válidas e logo procura determinar, por experimentação e análise, qual dessas relações possíveis tem validez real. Em lugar de limitar-se a organizar o que lhe chega através dos sentidos, o adolescente tem a capacidade potencial de imaginar o que poderia estar ali, já que sua capacidade de entendimento ultrapassa o imediato.

A descentração que se realiza na pré-adolescência, liberando o pensamento infantil do concreto, em proveito dos interesses orientados para o abstrato e o futuro, implica algumas outras características:

a) A estratégia cognitiva que trata de determinar a realidade no contexto da possibilidade tem caráter fundamentalmente *hipotético-dedutivo*. Descobrir o real em meio ao possível supõe que se possa considerar o possível como um conjunto de hipóteses que devem ser confirmadas ou refutadas sucessivamente. Quando os fatos levam à rejeição de uma hipótese, descarta-se dela; quando eles suportam a confirmação, a hipótese é logo integrada na realidade.

b) Diversamente do que ocorria no estádio anterior, os dados manipulados pelo adolescente em seu raciocínio já não são dados concretos mas *enunciados ou proposições* que contêm esses dados. Por isso, o pensamento formal é, sobretudo, pensamento proposicional, isto é, baseia-se em palavras e símbolos. Enquanto no período de operações concretas a cognição era organizada sobre objetos e fatos concretos (classificá-los, seriá-los, pô-los em correspondência, multiplicá-los), na adolescência tomam-se os resultados das operações concretas, moldando-os em proposições, para se operar com eles, isto é, estabelecer vínculos lógicos de implicação, disjunção, conjunção. Assim, as operações formais são, na realidade, ações mentais realizadas sobre o resultado de operações concretas, isto é, dependem do desenvolvimento próprio do período anterior para se manifestarem. Este atributo faz com que Piaget as denomine operações de segundo grau ou operações à segunda potência.

c) Quando enfrenta determinada situação, o adolescente, cuja orientação para o possível e o hipotético foi recentemente desenvolvida, quer determinar todas as relações possíveis inerentes ao problema, de modo que se possa pôr à prova o *status* de realidade de cada uma delas. Para isso, o adolescente isola de modo sistemático todas as variáveis individuais, submetendo-as a uma *análise combinacional*, método que assegura a realização de um inventário completo do possível.

Os traços do pensamento formal unem-se para transformá-lo em instrumento do raciocínio científico, o que permite ao adolescente ser capaz de achar a solução correta para um genuíno problema de descoberta científica. Os instrumentos adequados lhe são proporcionados pela atitude hipotético-dedutiva, pelo método combinacional e pelos demais atributos do pensamento formal, que lhe permitem isolar as variáveis que poderiam ser causais, mantendo um fator constante, a fim de determinar a ação causal de outro. Graças a essas características, o adolescente é capaz de imaginar as diversas transformações possíveis a que se pode submeter os dados para pô-los à prova empiricamente; é capaz, também, de interpretar de maneira logicamente correta os resultados de provas empíricas.

Para melhor caracterizar este estádio de desenvolvimento faremos referência às estruturas lógicas estudadas por Piaget e seus colaboradores: a combinatória e o grupo das duas reversibilidades, e abordaremos as operações lógicas que emergem neste período e que são relacionados a tais estruturas ou são consequências delas: as compensações complexas, o pensamento proporcional (ou razão-proporção), a probabilidade e a indução de leis.

7.1. A combinatória

Como foi dito anteriormente, o pensamento formal torna o sujeito capaz de raciocinar corretamente sobre proposições que considera meras hipóteses, o que lhe permite inferir as consequências necessárias de verdades apenas possíveis. Este é o fundamento do pensamento hipotético-dedutivo, que se instala na adolescência.

Nesta etapa do desenvolvimento, as operações se efetuam sem a necessidade de bases concretas ou intuitivas. A partir de então é possível construir quaisquer classes e quaisquer relações reunindo os elementos 1 a 1; 2 a 2; 3 a 3, etc. Pode-se, pois, combinar entre si objetos, fatores, ideias ou proposições, raciocinando, em cada caso, sobre a realidade dada, não mais reduzindo-a aos aspectos limitados e concretos, mas sim em função de todas as combinações possíveis ou de certo número delas. A capacidade de raciocinar deste modo realça os poderes dedutivos da inteligência e esclarece o conceito de combinatória.

A combinatória consiste em prolongamento e generalização das operações concretas, e constitui uma classificação das classificações.

Para testar a combinatória de objetos, pode-se pedir à criança que faça todas as combinações possíveis, usando jogos de cubos coloridos e combinando-os 2 a 2, 3 a 3, 4 a 4, etc. Verifica-se que por volta de 12 anos já se é capaz de efetuar esta generalização, usando um sistema que toma em consideração todas as combinações possíveis.

Piaget e Inhelder propõem o experimento dos frascos, a fim de se verificar a combinatória com objetos. São apresentados cinco frascos, contendo líquidos transparentes; cada um deles tem um dos seguintes títulos: água pura, água oxigenada, ácido sulfúrico, hipossulfito e iodeto de potássio. Num outro frasco, há um líquido amarelo, resultante da combinação de três dos componentes acima. Apresenta-se ao adolescente o conjunto de frascos e pergunta-se: como você procederia para obter uma combinação igual à do frasco que contém o líquido amarelo? O adolescente, ao misturar ou propor que se misturem os líquidos dos frascos, não destaca as leis nem procura a fórmula, mas encontra um método exaustivo de explorar as diversas possibilidades, combinando dois a dois, três a três os líquidos, até obter a cor desejada. Antes deste período, a criança faz combinações de 2 a 2, depois passa a uma tentativa de juntar o conteúdo dos cinco frascos. Só a partir de aproximadamente 12 anos ela se torna capaz de proceder metodicamente, realizando todas as combinações possíveis.

As combinações de ideias ou hipóteses, em forma de afirmações e negações, serão utilizadas pelo adolescente de 12-15 anos, graças às operações proposicionais até então desconhecidas: a implicação (se... então...), a exclusão (ou... ou...), a disjunção (ou... ou... e ambos), a incompatibilidade (ou... ou... e nem um, nem outro), a implicação recíproca.

Testando essa forma de combinação, Piaget apresenta as proposições p e p' que é sua negação, q e q', que é sua negação. Depois de agrupá-las multiplicativamente, podem-se tirar das 4 associações multiplicativas, o que resulta p.q (por exemplo, este animal é um cisne e é branco), p.q' (este animal é um cisne, mas não é branco); p'.q (este animal não é um cisne e é branco) e p'.q' (este animal não é um cisne e não é branco). Neste caso, o que se tem é um agrupamento multiplicativo, acessível desde 7 ou 8 anos. Dessas quatro combinações, entretanto, pode-se obter 16 combinações, tomando-as 1 a 1, 2 a 2, 3 a 3 ou as 4 simultaneamente. As 16 combinações constituem operações novas, denominadas proposicionais, que consistem em combinar proposições do ponto de vista de sua verdade ou falsidade. Tais operações não refletem apenas uma maneira de notar os fatos, mas constituem uma verdadeira lógica do sujeito, um raciocínio formal, que se baseia em hipóteses enunciadas verbalmente e que se aplica a dados físicos e experimentais, permitindo uma dissociação de fatores (combinatória) e a exclusão das falsas hipóteses.

Tem-se, ainda, de lembrar a combinação de fatores, que é ligada à dissociação de fatores e à indução de leis. A formação de um espírito experimental, significativamente enfatizada por Piaget, é uma característica do período lógico-formal. Segundo ele, esse aspecto tem sido negligenciado pela formação escolar, apesar das mais óbvias necessidades técnicas e científicas da moderna sociedade. A descoberta científica, que é impossível ao nível das operações concretas, resulta da combinatória e das estruturas proporcionais. Citando os exemplos da elasticidade das hastes metálicas presas numa extremidade, Piaget verificou que as crianças na fase operacional concreta não realizam um inventário prévio dos fatores; passam diretamente à utilização dos métodos de seriação e correspondência serial. Examinam, por exemplo, um conjunto de hastes, organizando-as de acordo com a flexibilidade, mas cada qual é analisada por seu turno, e sem dissociação sistemática. Em seguida, analisando o comportamento do adolescente, ele concluiu que o sujeito, após alguns tateios, fez uma lista de fatores a título hipotético e estuda-os, depois, um a um, mas dissociando-os uns dos outros. Esse comportamento equivale a fazer variar um fator de cada vez, mantendo constantes as demais condições. Piaget considera que esse método notável resulta diretamente das estruturas próprias das operações proposicionais e admite que, se ele fosse treinado na escola, exigiria que estivessem estabelecidas estruturas lógicas específicas.

Assim é que as novas estruturas lógicas vêm possibilitar ao adolescente a verificação empírica de suas hipóteses, através da dissociação sistemática dos fatores e, ao mesmo tempo, a análise criteriosa dos resultados empíricos vem permitir-lhe a indução de leis.

7.2. A operação lógica de compensação complexa: o grupo da dupla reversibilidade (grupo 4) e o sistema duplo referência

A operação lógica de compensação se instala no período operacional concreto e caracteriza-se pelo restabelecimento do equilíbrio de um sistema mediante alteração de uma variável do sistema ou de uma variável exterior a ele. Entretanto, as compensações complexas só acontecem no período lógico-abstrato, quando o adolescente já é capaz de dominar a combinatória.

Ao analisar o problema do equilíbrio da balança, vimos que sua solução envolve dois tipos de opostos: uma negação da mudança original e uma reciprocidade, que muda um fator compensador. A relação entre essas operações só acontece na fase operacional abstrata, quando a estrutura lógica da dupla reversibilidade se estabelece.

No desenho abaixo podem ser explicitadas quatro operações: negação, reciprocidade, correlação e identidade.

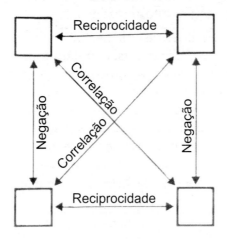

A negação ou inversão consegue o equilíbrio pela subtração do peso. A reciprocidade consegue o equilíbrio pelo aumento de peso do lado oposto. A relação entre os cantos opostos é de correlação, pois é uma relação que mantém o equilíbrio. Os cantos são os resultados equivalentes de negação e reciprocidade.

Em outros termos poderíamos dizer que:

Aumentar o peso é + P

Diminuir o peso é – P

Aumentar o comprimento do braço da balança é + L

Reduzir o comprimento do braço da balança é – L

Ora, se + P é a operação inicial (I)

– P é a operação inversa (N)

– L é a recíproca de + P (R)

+ L é a correlativa de + P (C)

Estamos diante de dois pares de transformações diretas e inversas e de uma relação de equivalência (mas não de identidade). Tem-se, pois, a quaternalidade: a forma I/R = C/N donde os produtos cruzados IN = RC.

Graças à emergência dos mecanismos formais, as operações, sendo combinatórias, admitem todas as combinações possíveis, inclusive a combinação de inversões e reciprocidades. Como resultado, não se terá apenas justaposição de operações, mas fusão operatória, síntese num todo único, pois cada operação passará a ser, ao mesmo tempo, a inversa de outra e a recíproca de uma terceira, donde resultam as seguintes transformações: direta, inversa, recíproca e inversa da recíproca, sendo esta última correlativa da primeira.

Outro exemplo de compensação, este mais complexo, é o dos sistemas duplos de referência. O exemplo mais característico é o dos caracóis que se movimentam para a frente sobre uma prancha de madeira que se move para trás. Quando o problema é apresentado na fase operatório-concreta, a criança entende as operações direta e inversa, mas não é capaz de combiná-las. Mas, quando atinge o grupo da quaternalidade, o adolescente compreende que, embora caminhe, o caracol permanece no mesmo lugar, pois a prancha se movimenta no sentido oposto. A solução foi facilitada pelo domínio da operação de compensação por reciprocidade.

7.3. O pensamento proporcional ou operação lógica de razão-proporção

A noção de proporção inicia-se de forma qualitativa e lógica antes de estruturar-se quantitativamente, podendo-se afirmar que ela constitui uma forma de compensação que implica uma métrica. Assim é que, tentando estabelecer o equilíbrio de uma balança torta, a criança verifica, de início, que quanto mais aumenta o peso colocado de um lado, tanto mais o braço se inclina e afasta do meio. Descobre, a seguir, que o mesmo peso P inclina tanto mais o braço quanto mais ele se afasta do meio. Depois, descobre que o equilíbrio é alcançado quando dois pesos iguais são colocados a igual distância do meio. Constata, em seguida, que se atinge o equilíbrio com dois pesos iguais quando se mantêm iguais as suas distâncias L, sejam elas quais forem.

A descoberta da proporcionalidade inversa entre pesos e comprimentos é obtida quando se estabelece uma relação qualitativa entre essas duas funções, inicialmente ordinais. Quando o adolescente compreende que há equivalência de resultados toda vez que, de um lado, ele aumenta um peso sem alterar o comprimento e, de outro, aumenta o comprimento sem alterar o peso; ele deduz, então, a hipótese de que, partindo de dois pesos iguais colocados à mesma distância do centro, conserva-se o equilíbrio diminuindo um, mas afastando-o, e aumentando o outro, porém, aproximando-o do centro. Só após esta proporção qualitativa é que a criança chega à proporção métrica simples:

$$\frac{P}{L} = \frac{2P}{2L}$$

que pode se expressar assim: diminuir o peso aumentando o comprimento equivale a aumentar o peso diminuindo o comprimento.

Para chegar a essa conclusão, a criança parte de duas transformações e suas inversas: aumentar ou diminuir o peso ou o comprimento do braço da balança, tal como se expôs no estudo do grupo 4. Verifica-se, pois, que o esquema operacional de proporcionalidade é originário do grupo de quaternalidade, assim como o foi também a compensação.

Dominando esta operação, o adolescente resolverá problemas do tipo: um carro percorre uma distância X em N minutos. À mesma velocidade, outro carro percorrerá a distância Y em quantos minutos? A noção de proporções, surgida desde aproximadamente 11-12 anos, cobre domínios diversos com as proporções espaciais (figuras semelhantes), as velocidades métricas (e/t = ne/nt) e outras.

7.4. A operação lógica de probabilidade ou pensamento probabilístico

A operação lógica de probabilidade é aquela que permite justificar que o objeto que tem a maior frequência num grupo é aquele que tem a maior chance de ser escolhido. Observada a hierarquia entre as operações lógico-matemáticas, deve-se lembrar que a probabilidade é uma operação que se fundamenta na razão-proporção, que, por sua vez, se baseia nas que a antecederam.

Para perceber a probabilidade que tem um cubo azul de ser retirado de uma sacola na qual foram colocados cubos de diversas cores, em quantidades variadas, o adolescente tem de ser capaz de dominar todas as operações lógicas anteriores, especialmente a combinatória e a proporcionalidade. A primeira possibilita-lhe tomar em consideração todas as combinações possíveis dos elementos. A segunda lhe permite compreender que probabilidade como 1 em 4 (1/4) e 2 entre 8 possibilidades (2/8) são equivalentes. Em consequência do domínio da probabilidade é que se chega a compreender a lei dos grandes números.

7.5. A operação lógica de indução de leis

É a operação lógica que possibilita a construção de regras ou leis que relacionam entre si acontecimentos que podem envolver certo grau de randomicidade. Desde 11-12 anos aproximadamente, o sujeito, após alguns tateios, analisa as situações-problema que lhe são apresentadas, e, após alguns tateios, faz a sua lista de fatores hipotéticos, estuda-os um a um, dissociando-os dos outros, o que quer dizer que faz variar um só de cada vez, permanecendo constantes os efeitos de todos os outros fatores.

Deste modo, quando se mantém sob controle um certo número de variáveis para se verificar a influência de apenas uma variável, a chance de que um resultado ocorra com maior frequência leva a inferir a probabilidade de que haja uma relação de causa e efeito entre aquele resultado e o fator que o desencadeou (a variável cujo efeito se quer medir). Aí se encontra a ideia da norma, regra ou lei, que preside o procedimento científico; os eventos que contrariam este resultado são, então, percebidos como exceções à regra.

As operações proposicionais próprias da adolescência são ligadas a um manejo preciso e móvel da linguagem, pois para manipular proposições e hipóteses é indispensável poder combiná-las verbalmente. O domínio de todas as operações lógicas anteriores, unido a este desenvolvimento da linguagem, são os responsáveis pelo que Piaget denominou a formação espontânea de um espírito experimental. Completa-se, desta forma, a estrutura mental própria do pensamento adulto.

8
O desenvolvimento afetivo

A partir da década de 1940, os estudos piagetianos voltaram-se prioritariamente para a análise do desenvolvimento das estruturas cognitivas. Embora tenha crescido em profundidade de análise, a elaboração do grande teórico parece ter perdido em amplitude; por volta de 1932, ao analisar como se desenvolve o julgamento moral, Piaget utilizou um modelo psicogenético que levava em conta a estrutura cognitiva sem perder de vista a competência linguística (capacidade de dialogar, utilizando ideias abstratas para compor argumentos) e a competência moral (consciência da arbitrariedade e do caráter consensual do mundo social). O acompanhamento do processo desde o nível de anomia (pré-moral) até o de autonomia permitia uma abordagem da competência lógica, sem perder de vista o social e o afetivo.

Neste momento, parece-nos oportuno retornar às considerações piagetianas sobre o desenvolvimento afetivo, que é estreitamente relacionado com a elaboração do julgamento moral. É o próprio Piaget (1968) quem ressalta a importância deste aspecto do desenvolvimento:

> O aspecto cognitivo das condutas consiste na sua estruturação e o aspecto afetivo na sua energética. Esses dois aspectos são, ao mesmo tempo, irredutíveis, indissociáveis e complementares; não

é, portanto, muito para admirar que se encontre um notável paralelismo entre as suas respectivas evoluções.

O esquematismo cognitivo evolui de um estado inicial centrado na própria ação para a construção de um universo objetivo e descentrado; a afetividade, por sua vez, evolui de um estado de não diferenciação entre o eu e o mundo para um processo diferenciado, no qual são comuns as trocas entre o eu e as pessoas (sentimentos interindividuais) e o eu e as coisas (interesses variados).

8.1. A evolução da afetividade

8.1.1. Nível sensório-motor

Nos subestádios I e II deste nível a criança apresenta os afetos que J.M. Baldwin denominou adualismo inicial. Não existe, então, nenhuma consciência do eu, nenhuma fronteira entre o mundo interior ou vivido e o conjunto das realidades exteriores. Freud falou de narcisismo, mas sem perceber que se tratava de narcisismo sem Narciso. Anna Freud falou, mais tarde, que se tratava de "narcisismo primário", no sentido de uma não diferenciação entre o eu e o alheio. Trata-se, para Piaget, não de uma centração consciente num eu, mas de uma centração inconsciente por não diferenciação. O sorriso infantil, reforçado pelo sorriso do parceiro, torna-se instrumento de troca ou contágio e, logo, de diferenciação das pessoas e coisas.

Nos subestádios III e IV do estádio sensório-motor apresentam-se as reações intermediárias. Nesta oportunidade há, segundo Escalona, uma passagem do contágio à comunicação. A criança passa a reagir às pessoas de modo cada vez mais específico, porque elas agem segundo esquemas que podem ser relacionados com os da sua própria ação. Chega a estabelecer-se uma causalidade relativa às pessoas, na medida em que proporcionam prazer, conforto, sossego, segurança, etc. Surgem aqui sentimentos de inquietude em presença de estranhos, predileção por certas pessoas, reações de estranheza às situações, etc.

Os subestádios V e VI são marcados pelas chamadas relações objetais; ocorre, então, o que Freud chamou "escolha do objeto" afetivo, o que ele considerava ser transferência de libido do eu narcísico para a pessoa dos pais. Este período é marcado pela constituição de um eu diferenciado do alheio e de um alheio que se torna objeto da afetividade.

A descentração afetiva é, pois, correlativa da descentração cognitiva, não porque uma domine a outra, mas porque ambas se produzem em função do mesmo processo. Ao mesmo tempo a criança apresenta condições (intelectuais) de centrar a atenção em um objeto fora dela mesma; distinguindo o eu-mundo, ela adquire condições (afetivas) de amar este objeto exterior.

Há uma correlação entre a constituição das relações objetais e o esquema do objeto permanente. Gradualmente, a criança deixa de relacionar tudo aos seus estados e à sua ação e substitui um mundo de quadros flutuantes, sem consistência espaçotemporal nem causalidade exterior, por um universo estruturado de objetos permanentes. Assim, sua afetividade se ligará aos seus objetos permanentes localizáveis e fontes de causalidade exterior em que se transformam as pessoas.

8.1.2. Nível objetivo-simbólico

O objetivo afetivo, no nível sensório-motor, não passa de um objeto de contato direto, que não se pode evocar durante as separações. Com o advento da linguagem, da imagem mental, do jogo simbólico, o objeto afetivo está sempre presente e sempre atuante, até em sua ausência física. Assim, surgem simpatias e antipatias duradouras e a valorização ou consciência duradoura de si.

A partir dessa valorização de si, a criança começa a opor-se à pessoa alheia, e surge o que Charlotte Bühler chamou crise de oposição. As relações objetais do nível sensório-motor são marcadas pela necessidade de segurança; a crise de oposição, contudo, é assinalada pela necessidade de afirmação e independência, assim como por todos os tipos de rivalidade, quer do tipo edipiano, quer em geral. Não se trata, ainda, de uma autonomia no sentido em que ela deverá ocorrer em nível da cooperação, por volta de 7-8 anos, em relação com o desenvolvimento das operações concretas. A autonomia que virá a ocorrer supõe uma submissão do eu a regras (nomia) que o indivíduo se dá a si mesmo (auto) ou que elabora em cooperação com seus semelhantes. Neste momento, trata-se apenas de independência (anomia e não autonomia) e precisamente de oposição, isto é, dessa situação complexa em que o eu quer, simultaneamente, ser livre e estimado por outrem.

É hoje plenamente aceito o caráter indissociável e paralelo dos desenvolvimentos cognitivo e afetivo ou social. Sendo assim, é provável que as trocas sociais peculiares ao nível pré-operatório possam caracterizar-se como pré-cooperativas, isto é, ao mesmo tempo sociais, do ponto de vista do sujeito e centradas na própria criança e em sua atividade própria, do ponto de vista do observador. A isto se chama "egocentrismo infantil". Já no nível das operações concretas se constituem novas relações interindividuais de natureza cooperativa e as trocas não se limitam ao cognitivo, mas também ao afetivo.

8.1.3. Nível operacional concreto

No nível operacional concreto, o desenvolvimento social pode ser melhor compreendido se analisado em três domínios: jogos de regras, ações em comum e trocas verbais. Os jogos de regras constituem instituições sociais na medida em que se transmitem de uma geração a outra e, além disso, as normas que os orientam independem da vontade dos jogadores. Alguns desses jogos transmitem-se com a participação do adulto, mas outros permanecem especificamente infantis, como o jogo das bolinhas de gude entre meninos. Isto os coloca na dupla qualidade de lúdicos e exclusivamente infantis, para dar lugar ao desenvolvimento da vida social entre crianças.

Depois dos 7 anos, as partidas de bolinha são bem estruturadas com observação comum das regras conhecidas dos parceiros, com vigilância mútua sobre essa observação e, sobretudo, com espírito coletivo de competição honesta, de modo que uns ganham e outros perdem de acordo com as regras admitidas. Entretanto, o jogo de crianças em fase pré-operacional apresenta características inteiramente diversas. Em primeiro lugar, cada um aprendeu com os mais velhos regras mais ou menos diferentes, porque o seu conjunto é complexo e a criança começa por guardar apenas parte delas. Além disso, o que é mais significativo, não há controle, isto é, cada qual joga como bem entende, sem se preocupar demasiado com os outros. Enfim, e sobretudo, ninguém perde e todo o mundo ganha ao mesmo tempo, pois o objetivo é distrair-se. Ao mesmo tempo, a criança joga para si, e é estimulada pelo grupo a participar de uma experiência coletiva. Não há, pois, cooperações autênticas, mesmo no plano lúdico; a conduta social, neste período, não se impôs, ainda, à centração na própria ação.

No tocante ao trabalho em comum, R. Froyland Nielsen[4] procedeu ora observando diretamente atividades espontâneas, ora submetendo a criança a atividades que necessitam de um mínimo de organização: trabalhar, aos pares, em mesas muito pequenas; dispor de um único lápis para desenhar, ou de lápis amarrados um ao outro; utilizar

---

4. NIELSEN, R.F. *Le dévelopment de la sociabilité chez lenfant*. Delachaux & Niestlé, 1951.

um material comum, etc. Obteve, assim, duas espécies de resultados. De um lado, observou uma evolução, mais ou menos regular, do trabalho solitário à colaboração. O trabalho solitário eventual das crianças de 7 anos ou mais não tem, contudo, a mesma significação não intencional e, por assim dizer, não consciente do que é feito por crianças menores. Estas trabalham cada qual para si, se sentem em comunhão com os vizinhos, mas não se ocupam do que eles fazem em detalhe. Por outro lado, constatou uma dificuldade inicial, mais ou menos sistemática, de achar e até de procurar modos de colaboração, como se esta não constituísse um fim específico que se busca por si mesmo, com métodos apropriados.

Quanto às funções da linguagem na troca entre crianças, Piaget observou que nos meios escolares em que as crianças trabalham, brincam e falam livremente as expressões dos sujeitos de 4 a 6 anos não se destinam todas a fornecer informações ou a formular perguntas (= linguagem socializada), mas consistem, geralmente, em monólogos ou "monólogos coletivos" em cujo transcurso cada um fala para si, sem escutar os outros (= linguagem egocêntrica).

A observação mostra a dificuldade sistemática de crianças na fase pré-operatória de se colocarem no ponto de vista do parceiro, de fazê-lo compreender a informação desejada e de modificar-lhe a compreensão inicial. Não é senão depois de longo exercício que a criança chega (no nível operatório) a falar não mais para si, porém na perspectiva de outrem. Em sua crítica da linguagem egocêntrica, R. Zazzo concluiu que, em tais situações, a criança não fala "para ela", mas "segundo ela", isto é, em função de suas possibilidades.

8.1.4. Nível operacional abstrato

Já mencionamos em outra parte deste trabalho que a diferença entre o pensamento formal e as operações concretas é que estas são centradas no real enquanto no nível operacional abstrato o adolescente atinge as transformações possíveis, que lhe dão acesso a desenvolvimentos imaginados, que ultrapassam o real. Esta transformação é tão importante para o desenvolvimento cognitivo quanto para o social e o afetivo, uma vez que o adolescente torna-se capaz de ir além da fronteira da realidade concreta e perceptível e buscar atingir possibilidades interindividuais ou sociais. Além do crescimento fisiológico e somático, o jovem de 13-14 anos pode abrir-se às possibilidades novas, porque consegue antecipá-las, graças aos novos instrumentos dedutivos.

Neste momento, acontecem as *identificações sucessivas*, graças às quais os adolescentes escolhem modelos com os quais se identificam: algumas vezes são pessoas de seu próprio relacionamento, amigos dos pais, e outras vezes são artistas, heróis vivos ou de ficção, que passam a determinar a escolha de suas roupas, seu modo de falar e de agir.

A escolha dos parceiros amorosos também é marcada por estas identificações e, muitas vezes, o adolescente escolhe alguém que gostaria de ser ou que tem características que ele aspira. Justamente por este motivo, num momento da vida em que a escolha ainda não é muito clara, há uma rotatividade de parceiros e parceiras muito grande, variável conforme se muda a imagem idealizada.

É também nesta idade que o adolescente se torna capaz de se projetar no futuro e tentar definir o que pretende profissional e socialmente. Ainda que o faça de maneira vaga e pouco constante, devido ao pensamento abstrato, o adolescente se projeta no futuro e é capaz de pensar-se como profissional, imaginar-se adulto relacionando-se com outras pessoas.

Este desenvolvimento afetivo e social é inseparável do desenvolvimento moral, que mencionamos a seguir.

8.2. Os sentimentos e julgamentos morais

A formação da consciência e dos sentimentos morais é um dos resultados da relação afetiva entre a criança e os pais. Freud popularizou a noção de superego e Baldwin mostrou que, a partir de certa fronteira, o eu dos pais não pode ser imitado imediatamente e torna-se um eu ideal, fonte de modelos coativos e portanto da consciência moral.

Ao analisar a gênese do dever, P. Bovet considerou que o sentimento de obrigação está subordinado a duas condições: a primeira é a intervenção de instruções dadas do exterior (não mentir, não ferir o colega) e a segunda é a aceitação dessas instruções, o que supõe a existência de um sentimento *sui generis* da parte de quem recebe as instruções para a pessoa que as dá. Ele define este sentimento como respeito, composto de afeição e temor. A afeição, sozinha, não bastaria para impor a obrigação e o temor, sozinho, provocaria uma submissão material ou interessada. O respeito que gera o sentimento de obrigação é, nesta perspectiva, unilateral, porque liga um inferior (a criança) a um superior (o pai) e por isto é distinto do "respeito mútuo", fundado na reciprocidade da estima.

A criança não respeita o pai como representante da lei ou do grupo social, mas como indivíduo superior, fonte das coações e das leis. Neste sentido, a análise da psicologia da criança se opõe às de Kant e Durkheim, que veem o respeito como um sentimento que não se liga a uma pessoa como tal, mas a uma pessoa como encarnação ou representação da lei moral.

Este respeito unilateral, embora seja a fonte do sentimento de dever, gera na criança pequena uma moral de obediência essencialmente caracterizada pela heteronomia, que depois se atenua, dando lugar à autonomia própria do respeito mútuo.

As reações afetivas próprias do julgamento moral antes de 7-8 anos são caracterizadas pela heteronomia (hétero = de fora do sujeito e nomia = regra). Inicialmente, o poder das instruções está ligado à presença material de quem as deu; em sua ausência, a lei perde a ação e sua violação provoca apenas um mal-estar momentâneo.

Aos poucos, contudo, este poder se torna duradouro e produz-se uma espécie de assimilação sistemática que os psicanalistas denominam identificação com a imagem dos pais ou com a imagem de autoridade. A submissão não poderia ser total e os componentes do respeito se dissociam em afeição e hostilidade, simpatia e agressividade, ciúmes, etc., o que pode envolver um certo sentimento de culpa.

A heteronomia conduz a uma estrutura pré-operatória que tem características próprias dos mecanismos cognitivos relacionais e dos processos de socialização: é o *realismo moral*, segundo o qual "as obrigações e valores são determinados pela lei ou pelas instruções em si mesmas, independentemente do contexto das intenções e relações" (PIAGET, 1968).

Usando como exemplo a mentira, verifica-se que, na fase pré-operatória, à criança parece grave a mentira na medida em que se afasta da verdade objetiva e não na medida em que corresponde a uma intenção de enganar. Perguntando-se a ela, por exemplo, qual das duas mentiras abaixo é mais grave:

1) O menino contar em casa que teve uma boa nota na escola, e não teve.

2) Após ter tido medo de um cachorro, o menino diz que o cachorro era do tamanho de uma vaca.

A segunda mentira foi considerada mais grave e a criança argumentou que com frequência se obtém boas notas e a mãe pode acreditar nisto, ao passo que não há cachorro do tamanho de vaca.

Graças à cooperação, ao desenvolvimento operatório, a criança vai chegando a relações morais novas, fundadas no respeito mútuo e que conduzem a uma certa *autonomia*.

Tivemos a oportunidade de relatar, neste trabalho, que, nos jogos de regras, as crianças de menos de 7 anos recebem as regras prontas dos mais velhos (mecanismo derivado do respeito unilateral) e as consideram "sagradas", intangíveis, de origem transcendente. As crianças mais velhas já veem as regras como produto do ajuste entre contemporâneos e admitem que podem mudá-las desde que haja acordo unânime, ajuste democrático. O exemplo deixa claro o caráter consensual, carregado de reciprocidade, da elaboração de regras num momento mais adiantado de desenvolvimento.

Um produto essencial do respeito mútuo e da reciprocidade é o sentimento de justiça; por volta de 7-8 anos, a justiça sobreleva-se à própria obediência e torna-se norma central, equivalente, no terreno afetivo, às normas de coerência no terreno das operações cognitivas, a ponto de, no nível da cooperação e do respeito mútuo, haver um paralelismo entre as operações e a estruturação dos valores morais.

Usando-se as escolhas sociométricas, no sentido proposto por Moreno, verifica-se uma evolução dos motivos invocados para escolher os líderes: os pequenos invocam razões heterônomas (apreciação feita pelos professores, boas notas, etc.) e os grandes invocam critérios como ser justo, saber guardar segredo, não delatar, etc.

Assim, a afetividade, a princípio centrada nos complexos familiais, amplia sua escala na medida em que se multiplicam as relações sociais. Os sentimentos morais ligados, no início, a uma autoridade sagrada, evoluem no sentido de um respeito mútuo e de uma reciprocidade. As trocas sociais que englobam as reações precedentes porque são todas, no mesmo tempo, individuais e interindividuais, dão lugar a uma estruturação gradual ou socialização, que passa de um estado de não coordenação ou de indiferenciação relativa entre o ponto de vista próprio e o dos outros, a um estado de coordenação nas ações e informações.

A ideia de justiça social, os ideais estéticos e sociais vão emergir exatamente na adolescência, quando o pensamento abstrato se instala. É comum adolescentes terem sonhos messiânicos, imaginarem que são capazes de reformar o mundo e até se dedicarem a obras sociais valiosas. Eles são capazes, também, de elaborar teorias ou de criticar as teorias que lhes são apresentadas. Por este motivo, adolescentes se tornam religiosos mais dedicados ou passam a criticar a religião que aceitaram até então. É também nesta fase que adotam posturas políticas, assumem compromissos políticos que surpreendem os pais, tornam-se rebeldes, críticos, capazes de grandes sacrifícios para defender suas ideias. É preciso que se entenda esta fase como um período de exercício da capacidade de abstrair e projetar-se no futuro; por isto, a ousadia política e religiosa dos adolescentes não pode ser supervalorizada, mas deve ser compreendida.

8.3. Uma educação voltada para a autonomia

Voltamos a falar, nos últimos tempos, em desenvolver autonomia nas pessoas que educamos, em respeitar a liberdade do outro e deixar-lhes a chance de escolher. Isto não ocorre casualmente; é fruto de um processo sociopolítico, no qual o papel da educação tem de ser alterado. Não é sem razão, também, que estamos colocando de lado o modelo comportamentista de ensino, abandonando uma disciplina centrada no controle exercido pelo professor e retomando os estudos piagetianos.

No plano intelectual é fácil justificar a opção feita por Piaget. Estamos acreditando na construção, pelo sujeito, de sua própria aprendizagem; estamos dando ênfase à resposta elaborada pelo aluno (se possível, uma resposta criativa) e tentando abandonar os modelos preestabelecidos de respostas definidas na formulação operacional de objetivos.

No plano social, contudo, a opção não se apresenta de forma tão evidente. Inicialmente, convém lembrar que, ao propor seu método de trabalho, Piaget fixou-se nos "erros" cometidos pelos sujeitos e não em seus "acertos". Isto significa centrar a atenção no aluno, na gama de seus interesses, na estrutura mental que ele apresenta em dado momento e não mais no professor, antes considerado o único capaz de definir o que devia ser feito. Esta nova maneira de encarar a relação observador-observado, que nos remete a uma outra visão pedagógica, é altamente inovadora, pois elimina a verticalidade de uma relação, substituindo-a por uma igualdade, quando quem observa ou quem ensina não se posiciona acima de quem é observado ou de quem aprende.

Durante muitos anos, o enfoque intelectualista da teoria piagetiana supervalorizou a "operação" como produto de uma etapa do desenvolvimento humano. Sem pretender negar a importância da maturação como determinante do processo, deve-se levar em conta o papel da cooperação. A teoria piagetiana não afirmou que o indivíduo isolado chega, em dado momento, a operar, construindo seu próprio conhecimento; Piaget realçou, isto sim, a interação com o ambiente e, quanto mais rica ela for do ponto de vista das trocas verbais e outras formas de comunicação, mais possibilidades tem o indivíduo de desenvolver o raciocínio lógico.

O ponto mais importante, contudo, das inferências educacionais que estamos propondo se prende ao desenvolvimento moral da criança. A descrição deste desenvolvimento revela a passagem de uma fase de heteronomia, a qual se faz seguir de semiautonomia e depois de autonomia.

Na etapa heterônoma do desenvolvimento moral da criança as trocas sociais com o adulto têm grande importância. É através da conversa (e, portanto, exercitando a função de representação) que a criança entra em contato com o que é permitido e o que é proibido. Parece-nos adequado lembrar que da mesma forma que Freud realçou a fase de formação do ego como etapa para estruturação do superego, pode-se interpretar a referência piagetiana à etapa de heteronomia como subestrutura para o desenvolvimento da autonomia.

A importância da relação com o adulto mais do que com a criança de sua idade é reforçada quando recordamos que, na perspectiva piagetiana, a linguagem nesta fase (pré-operatória) é essencialmente egocêntrica. Logo, o adulto, que desde a etapa das relações objetais ou mesmo antes dela tem a oportunidade de estabelecer com a criança uma relação afetiva bem estruturada, tem seu espaço assegurado na formação do sentimento de dever, como ficou claro anteriormente.

Repetindo Piaget, lembramos que nem a afeição sozinha, nem o temor sozinho se prestam para impor o sentimento de obrigação. Esta referência nos alerta para o comportamento de adultos que, em nome de uma pseudo-liberdade, deixam de colocar limites à ação da criança, afirmando que, por si só, ela descobrirá o que é certo e desenvolverá senso de moral.

É necessário que pais e professores compreendam que colocar certas restrições à ação não faz com que a criança deixe de nos amar, se antes estabelecemos com ela uma relação afetiva bem segura.

Por outro lado, é nas trocas com seus iguais que as crianças desenvolvem a autonomia. Através da linguagem do brinquedo e outras atividades, desde a fase pré-escolar elas exercitam a defesa dos seus direitos e vão aos poucos aprendendo a argumentar para defender seus pontos de vista. O trabalho em comum constitui excelente oportunidade para estas trocas interindividuais e o jogo com regras, à medida que a criança vai sendo capaz de fazê-lo, se presta à percepção do eu e do outro, fundamental para o desenvolvimento da autonomia.

Quando o desenvolvimento cognitivo da criança já lhe permite avaliar a relação entre a falta cometida e a sanção que ela deve merecer, tem-se uma nova oportunidade para desenvolver a autonomia. Se procedermos a uma análise da relação entre as faltas cometidas e o castigo imposto à criança, veremos a falta de coerência lógica que preside nossas decisões. O aluno que conversa durante a aula é obrigado a copiar *n* vezes uma frase do tipo "Devo ficar calado em sala de aula". O "ficar calado" acaba por tornar-se aversivo para ele e escrever não tem nenhuma relação com o ato por ele praticado. Se o professor tivesse lhe dado a oportunidade de ouvir dos colegas como percebiam sua insubordinação, se tivesse permitido que ele optasse pelo que desejava fazer naquele momento (sair da sala, por exemplo) responsabilizando-se pela consequência de sua ação (estudando, depois a matéria) asseguraria, por certo, uma oportunidade para o exercício da autonomia.

Nem sempre é fácil parar e discutir com a criança, numa relação igualitária, como administrar sua vida. É também difícil respeitar a criança o bastante para reservar a maior parte do tempo que lhe dedicamos às trocas com seus iguais, marcadas pela reciprocidade de relações. Entretanto, quando se aproxima a fase operacional, só essa disposição do adulto oferece o suporte para o desenvolvimento da competência moral e social e da estrutura cognitiva que fundamentam a autonomia.

Parte III

Avaliação do desenvolvimento cognitivo com base nas experiências piagetianas

9
A noção de objeto permanente

1) Tome um objeto (bola, boneco ou carrinho) que desperte a atenção da criança e deixe que ela brinque com ele.

2) Quando a criança estiver bem interessada no objeto, recubra-o com um lenço.

RESPOSTAS PROVÁVEIS

• Até o 5º ou 7º mês – A criança retira a mão, como se o objeto tivesse desaparecido. Às vezes, chora decepcionada.

• A partir do 7º mês – Levanta o lenço em busca do objeto.

Quando a criança já for capaz de levantar o lenço, pegue o objeto e, diante dos olhos da criança, coloque-o debaixo do lenço A, à sua direita, e depois desloque-o para o lenço B, à sua esquerda.

RESPOSTAS PROVÁVEIS

• Por volta de 7 meses (estádio IV) – A criança vai procurar o objeto em A, ignorando os deslocamentos.

• Aos 9-10 meses (estádio V) – A criança procura o objeto em função de seus deslocamentos, a menos que eles sejam muito complexos.

• Aos 11-12 meses (estádio VI) – A criança é capaz de dominar várias combinações, como erguer uma almofada e debaixo dela ainda encontrar um lenço que deve ser levantado.

CONCLUSÕES PIAGETIANAS

1) A descoberta da noção de objeto permanente é fundamental para a formação das noções de espaço, tempo e causalidade.

2) Descobrir o objeto permanente é compreender que um objeto continua a existir mesmo quando não está diante de nossos olhos.

3) Inicialmente, a criança percebe que o objeto continua a existir mesmo quando encoberto, mas não compreende (porque não consegue acompanhar) os deslocamentos (até ± 9 meses). Depois, a criança acompanha os deslocamentos simples (até ± 10 meses) e finalmente compreende os deslocamentos complexos (a partir de 12 meses).

4) A conservação do objeto é, entre outras, função de sua localização. Isto evidencia que a construção do esquema do objeto permanente é solidária com toda a organização espaçotemporal do universo prático, como também com sua estruturação causal.

10

A constância perceptual

10.1. Constância da forma

1) Mostre à criança com fome a mamadeira, de modo que não seja visível o bico, mas apenas a parte branca.

2) Chegue a mamadeira ao alcance da mão da criança, para que ela possa pegá-la, caso queira.

RESPOSTAS PROVÁVEIS

• Até 7-8 meses – A criança vira, com facilidade, a mamadeira, quando percebe, em segundo plano, o bico. Mas não toca o objeto se não vê o bico e enxerga apenas a mamadeira cheia de leite.

• A partir de 9-10 meses – A criança identifica a mamadeira, mesmo que só veja sua parte branca.

10.2. Constância da grandeza

1) Use 2 caixas semelhantes, porém de tamanhos diferentes.

2) Por várias vezes, coloque um doce ou um objeto familiar para a criança dentro da caixa maior, de modo que ela se acostume a escolher a maior das duas caixas quando procurar o doce ou objeto.

3) Substitua a caixa maior por uma que seja menor que a pequena.

4) Coloque o doce ou objeto sob a caixa maior dentre as duas (lembre-se que na situação anterior ela era a menor) e verifique qual das duas a criança escolhe.

RESPOSTAS PROVÁVEIS

• Até 5 meses – A criança mostra-se confusa e geralmente erra ao escolher.

• A partir de 5 meses – Treinada a escolher a maior de duas caixas, a criança continua a escolher corretamente, ainda que se afaste a caixa maior e esta corresponda, então, a uma imagem retiniana menor.

CONCLUSÕES PIAGETIANAS

1) Constância perceptiva e conservação operatória são coisas diferentes. Ambas têm em comum a conservação da grandeza ou da forma de um objeto e repousam em mecanismos de compensação. Mas, no caso da constância perceptual, o objeto não muda na realidade, só na aparência, isto é, apenas do nosso ponto de vista; não é preciso raciocinar para corrigir a aparência. Já no caso da conservação operatória, o objeto é modificado na realidade e, em consequência, deve-se mudar nossa maneira de raciocinar para compreender a invariância, assegurando compensações.

2) As constâncias perceptivas aparecem desde o primeiro ano, entre 6 e 12 meses (período sensório-motor), embora evoluam até cerca de 10 anos. As primeiras conservações operatórias só começam aos 7-8 anos (substância) e se escalonam até 12 anos (volume), conforme veremos adiante.

3) A criança que identifica a mamadeira, mesmo que não esteja vendo o bico, já é capaz de atribuir à mama-

deira uma forma constante. Isto ocorre a partir do momento em que, aos 9 meses, começou a procurar objetos escondidos sob lenços. A permanência e a forma constante do objeto estão interligadas.

4) A constância da grandeza começa por volta de 5 meses, antes, portanto, da constituição do objeto permanente, mas após a coordenação da visão e da preensão. Isto se explica por que a grandeza de um objeto é variável à visão, mas constante ao toque.

11
A causalidade na criança

Quando dirigimos às crianças perguntas que exigem explicação, elas costumam dar respostas que evidenciam sua noção de causalidade. Estas respostas evidenciam diferentes níveis de idade. A relação de causa e efeito, muito significativa para a compreensão de ciências, permite-nos explicar, predizer e controlar os fenômenos.

Piaget analisou a evolução da causalidade na criança.

Na fase sensório-motora – A criança, no estádio III, só conhece como causa única sua própria ação, independente mesmo de contatos espaciais. Se, puxando um cordão, balança o chocalho preso ao berço, a causa está no ato de "puxar o cordão", e não no cordão que foi puxado. Por isso, tenta balançar objetos distantes até 2 ou 3 metros puxando o cordão.

Essa causalidade é chamada mágico-fenomenista. Fenomenista, porque qualquer coisa pode ser produzida por qualquer coisa, de acordo com ligações já observadas anteriormente. Mágica, porque está centrada na ação do sujeito sem levar em consideração nem mesmo os contatos espaciais entre sujeito e objeto. Entretanto, à medida que a inteligência se desenvolve e se forma a noção de objeto permanente, a causalidade se objetiva e especializa – as causas reconhecidas não são mais exclusivamente localizadas na ação própria e relações de causa e efeito levam em conta os contatos físicos e espaciais. Assim, a criança dos estádios V e VI da fase sensório-motora, tendo visto um objeto ao lado de um tapete, não puxará mais o tapete para alcançar o objeto, embora fizesse isso nos estádios anteriores. Lentamente, foi a criança tornando-se consciente do eu e sendo capaz de distinguir entre a realidade externa e seu próprio eu. Mas atingir a objetividade é demorado e a criança usa, ainda, explicações não objetivas.

Por volta de 3 anos, a criança inicia uma fase perguntadora, na qual a pergunta mais frequente é "por quê"? As respostas que as crianças dessa faixa dão ao que lhes é perguntado pelos seus contemporâneos demonstram características egocêntricas de finalismo, animismo e artificialismo. O finalismo é devido à não diferenciação do psíquico – os nomes são ligados às pessoas, os sonhos são quadrinhos materiais que podem ser olhados, o pensamento é uma voz que fala atrás das pessoas.

O animismo representa, também, uma não diferenciação – tudo que se movimenta é vivo e consciente –, o vento sabe que sopra, o sol anda para onde quer. O artificialismo atribui origens humanas às coisas. O sol teria nascido com os homens, para lhes dar luz; o lago é um buraco feito pelo homem, que nele colocou água.

Essas explicações de causa e efeito evidenciam uma pré-causalidade, que evolui até o nível das operações concretas. Exemplo dessa causalidade operatória é o atomismo infantil como derivante de operações aditivas e da conservação decorrente delas até 7 anos. O açúcar dissolvido na água desaparece e o gosto desta se transforma; por volta de 7-8 anos, conserva-se a quantidade de açúcar, mas não se conservam seu peso nem o volume; a partir de 9-10 anos, acrescenta-se a conservação de peso e, a partir de 11-12 anos, a do volume. Explica-se do seguinte modo: os grãos de açúcar, em vias de fundir-se, são muito pequenos e invisíveis e, assim, conservam a substância sem conservar peso ou volume. Mais tarde, a criança admitirá que conserva o peso e, depois, o volume.

Nessas explicações causais, o real resiste à dedução e há uma grande dose de aleatório. A criança não apreenderá a noção de acaso ou de mistura irreversível enquanto não estiver de posse de operações reversíveis. Ora, se o acaso, a princípio, é obstáculo à dedutibilidade, a criança acaba, a seguir, assimilando o aleatório à operação, compreendendo que, se os casos individuais permanecem imprevisíveis, os conjuntos são previsíveis: das relações entre as ocorrências surge, assim, a base da operação de probabilidade, que precisa, para completar-se, da estrutura da combinatória, que geralmente se elabora por volta de 11-12 anos.

Situações destinadas a avaliar a noção de causalidade

Apresentamos algumas questões que podem ser dirigidas às crianças e analisamos algumas respostas prováveis.

Questões	Respostas prováveis	Causalidade (tipo)
1) O almoço está quente. Como se faz para ele esfriar?	Antes de 4 ou 5 anos: eu bato o pé e ele esfria (ou qualquer outra resposta que evidencie que a criança julga que pode agir sobre as coisas).	Mágico-fenomenista
2) Por que as nuvens se movem?	Até 4 ou 5 anos: "Papai do céu empurra". "A gente move as nuvens".	Artificialista
	"As nuvens seguem a gente."	Animista
	"Elas se movem sozinhas". "O ar empura".	Mecanicista

Questões	Respostas prováveis	Causalidade (tipo)
3) O que é uma cama?	"É para mim dormir".	Finalismo
4) O que é uma casa?	"É pra gente ficar lá dentro".	
5) O que faz as ondas do mar se moverem?	"Um homem empurra".	Artificialista
	"Os barcos tocam".	Mágico-fenomenista
	"As águas que vêm atrás empurram as da frente".	Mecanicista
	"O ar, o vento, as toca".	Lógica
	"Elas vêm *atrás* da gente".	Animista
6) O observador estende a mão com uma folha de papel, fazendo sombra, e pergunta: "Por que há sombra aqui?"	"Porque ela é pra mim ver".	Finalista
	"Porque a mão faz sombra ou porque a gente faz sombra".	Fenomenista
	"Porque você tampou a luz". Ou "É um lugar onde não tem luz".	Respostas que evidenciam uma Lógica

7) O sol se movimenta? Por quê?	"Pra gente ficar quente".	Finalista
	"Pra acompanhar a gente".	Animista
	"Um homem grande" ou "Papai do Céu empurra".	Artificialista
	"As nuvens *tocam* no sol".	Fenomenista
	"É ele mesmo que anda". "Ele quer esquentar a gente".	Animista

12
Operações infralógicas

12.1. Conservações físicas

12.1.1. Conservação de quantidades

a) Contínuas

TRANSVASAMENTO DOS LÍQUIDOS

1) Tome 2 copos estreitos e altos (iguais) e 1 taça larga e baixa capaz de conter a mesma quantidade de água de um dos copos.

2) Encha de água os 2 copos, mostrando à criança que há, em ambos, a mesma quantidade de água.

3) Diante da criança, vire o conteúdo de um dos copos na taça e pergunte:

– E agora? Onde tem mais água? No copo ou na taça? Por quê?

Respostas prováveis após domínio da conservação
(após 6 ou 7 anos aproximadamente)
• "A água é a mesma.
Não aumentou nem diminuiu nada."
(identidade simples ou aditiva).
• "Se voltar a água para o copo,
é a mesma água."
(reversibilidade por inversão).
• "A taça é mais baixa, mas é larga;
o copo é mais alto, mas é estreito;
por isso, é a mesma coisa."
(reversibilidade por compensação ou por reciprocidade de relações).

Respostas antes do domínio da conservação
(após 6 ou 7 anos)
• "Na taça, porque ela é mais larga."
• "No copo, porque ele é mais alto."
• "No copo. Não! É na taça! Não sei!"

ALTERAÇÃO DA FORMA DE UMA PORÇÃO DE MASSA

1) Tome uma porção de argila ou massa plástica e divida-a ao meio com uma faca.

2) Com as duas porções de massa faça 2 bolas iguais. Mostre que as 2 contêm a mesma quantidade de massa.

3) Diante da criança, enrole uma das bolas de massa plástica transformando-a em salsicha.

Pergunte à criança: – onde há mais massa? Na bola ou na salsicha?

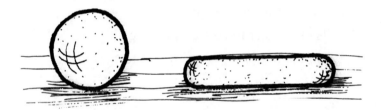

Respostas prováveis

- Antes de 6 ou 7 anos – Na salsicha; ela é comprida. Na bola; ela é grande.
- A partir de 6 ou 7 anos – Há a mesma quantidade de massa.

b) Descontínuas

1) Tome 1 copo e 1 taça. Coloque numa caixa várias continhas de plástico ou grãos de feijão.

2) Usando as duas mãos, vá colocando, simultaneamente, 1 grão no copo e outro na taça. Diante da criança repita isso sucessivamente.

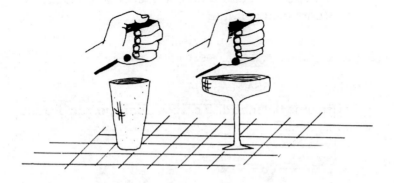

3) Interrompa e pergunte: onde há mais grãos?

RESPOSTAS PROVÁVEIS

• Antes dos 6 anos – No copo, porque é mais comprido. Na taça, porque é larga.
• Aos 6, 7 anos – A mesma quantidade nos dois.
• Aos 7, 8 anos – Você pôs a mesma quantidade de grãos no copo e na taça. Então é igual.
Cada grão que punha no copo, punha outro na taça. É a mesma quantidade.

CONCLUSÕES PIAGETIANAS

• A conservação é uma noção operatória que permite à criança compreender que alterações da forma não causam alteração da quantidade, peso ou do volume.
• Crianças em nível pré-operatório de desenvolvimento parecem raciocinar apenas sobre estados ou configurações, desprezando as transformações.

Por isso elas observam o resultado final (estado) que é água no copo e na taça e desprezam a transformação observada, que foi o derramar da água.

• Na fase pré-operacional, a criança é incapaz de descentração, isto é, de centrar sua atenção em 2 ou mais aspectos da realidade ao mesmo tempo. Quando focaliza a atenção na altura do copo, ela não consegue ficar atenta à sua largura.

12.1.2. Conservação do peso

BALANÇA E MASSA PLÁSTICA

1) Use uma balança de 2 braços e uma porção de massa plástica.

2) Divida a massa plástica em 2 porções iguais; faça com elas 2 bolas iguais e coloque uma bola em cada braço da balança.

• A criança deve *ver* que há equilíbrio na balança, porque as 2 bolas têm o mesmo peso.

3) Retire as bolas de massa plástica da balança.

• Tome uma das bolas, diante da criança, e transforme-a em salsicha ou amasse-a.

• Pergunte: – Você acha que, agora, ela tem o mesmo peso da bola? Por quê?

BALANÇA E BISCOITOS

1) Tome 2 biscoitos verdadeiros ou feitos de massa, sendo ambos da mesma forma.

• Use a balança de 2 braços.

2) Mostre à criança que os 2 biscoitos têm o mesmo peso, colocando um em cada braço da balança.

3) Retire os biscoitos da balança. Divida um deles em 6 pedaços.

- Pergunte: – Você acha que o biscoito inteiro pesa a mesma coisa que o biscoito partido?

Conjunto de bolas de massa

1) Tome 4 pares de bolas de massa plástica colorida.

- A criança é informada de que, em cada par, as bolas têm o mesmo peso.

2) Em cada par, uma das bolas é mantida em sua forma e a outra é transformada em triângulo, retângulo, achatada ou alongada.

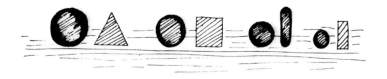

3) Pergunta-se à criança: você acha que, em cada um desses pares, o peso continua a ser o mesmo, aumentou ou diminuiu?

Respostas prováveis

- Antes de 8 anos – A salsicha (ou a bola) é mais pesada.
O biscoito inteiro é mais pesado.
A massa que mudou de forma não tem o mesmo peso da outra.
- A partir de 8 anos – O peso é o mesmo (em todas as 3 experiências).

Conclusões piagetianas

1) A conservação de peso é uma noção graças à qual a criança compreende que alterações de forma e/ou posição não são acompanhadas de consequentes alterações de peso.

2) A conservação de peso é alcançada mais tardiamente do que a conservação de quantidade. Geralmente, de oito anos em diante, as respostas infantis tendem a evidenciar o domínio da conservação de peso.

3) Às vezes, as respostas infantis variam conforme o material usado; provavelmente, isto se deve à familiaridade com o material.

12.1.3. Conservação do volume

COPOS D'ÁGUA E MASSA PLÁSTICA

1) Tome 2 copos iguais de água e 2 bolas iguais de massa plástica.

2) Coloque as bolas no copo d'água, para que a criança perceba como sobe o nível da água.

3) Transforme uma das bolas em um biscoito alongado.

• Diga: – Agora, se você puser o "biscoito" no copo d'água, o nível da água vai aumentar a mesma quantidade que aumentará se você puser a bola? Por quê?

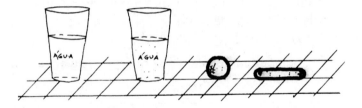

COPOS D'ÁGUA E CILINDROS

1) Use os 2 copos iguais, contendo água. Tome 1 cilindro grande e 3 pequenos, de modo que os 3 pequenos tenham um volume total igual ao do grande.

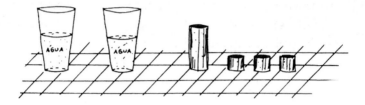

2) Introduza o cilindro grande em 1 copo e os 3 cilindros pequenos em outro.

3) Peça à criança que explique por que o nível de água é o mesmo nos 2 copos.

COPOS D'ÁGUA, BOLAS DE PINGUE-PONGUE E MASSA PLÁSTICA

1) Tome 1 bola de pingue-pongue e 1 bola de massa plástica do mesmo tamanho que a de pingue-pongue. Use 2 copos iguais com água até o meio.

2) A criança deve verificar que a bola de pingue-pongue difere da bola de massa plástica em peso. Introduza 1 bola em cada copo de água.

3) Peça à criança que explique por que o nível de água é o mesmo nos 2 copos.

RESPOSTAS PROVÁVEIS

• Antes de 9 ou 10 anos – O nível da água vai aumentar mais se for a bola (ou se for a salsicha).

O nível da água vai aumentar mais se pusermos a peça grande (ou se pusermos os 3 cilindros).

O nível da água aumentará mais com a massa plástica; a bolinha de pingue-pongue é leve.

• Após 9-10 anos – O nível da água aumentará a mesma quantidade.

CONCLUSÕES PIAGETIANAS

1) A conservação do volume é uma noção alcançada quando a criança compreende que alterações de forma, posição, diferenças de peso não estão, necessariamente, associadas às variações de volume.

2) Essa noção é, geralmente, alcançada por volta de 9-10 anos, mais tardiamente do que a conservação de quantidade e peso. Parece haver uma hierarquia no surgimento desses três tipos de conservação.

12.2. Conservações espaciais

12.2.1. Conservação do comprimento

COMPARAÇÃO DE DUAS RETAS

1) Recorte em papel duas réguas de aproximadamente 12cm x 1cm. Recorte 4 Vs com a largura de 1cm.

2) Coloque os Vs nas extremidades das réguas, na disposição abaixo.

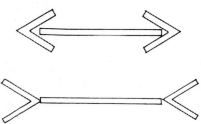

3) Pergunte: – Qual das 2 é maior?

Mude os Vs: onde eles se abriam, feche.

• Repita a pergunta.

RESPOSTAS PROVÁVEIS

• Antes de 6-7 anos – A criança considera a régua fechada menor.

• Após 7 anos – A régua é do mesmo tamanho.

CONCLUSÕES PIAGETIANAS

1) A conservação do comprimento é mais fácil de ser compreendida do que a conservação de quantidades contínuas, volume e peso.

2) A percepção infantil é globalística. A criança vê a "régua toda" com o acabamento e não a régua sem as extremidades. Ela não é capaz de observar que os Vs podem ser invertidos numa régua e na outra (percebe estados, mas não percebe transformações).

RÉGUA E TIRAS PLÁSTICAS

1) Apresente à criança uma tira plástica ondulada do tipo de fio de telefone de brinquedo e uma tira plástica não ondulada, de modo que os extremos das duas sejam coincidentes.

2) Mostrando as 2 tiras à criança, pergunte: – As 2 tiras são do mesmo tamanho?

RESPOSTAS PROVÁVEIS

• Etapa 1: 4 anos e meio – A criança admite que as 2 tiras têm o mesmo tamanho, ainda que tenha a oportunidade de passar os dedos sobre a ondulação da tira plástica. Quando se estende a tira a criança admite que ela é mais longa, mas se ela ondula novamente a criança volta a admitir que o tamanho é o mesmo.

• Etapa 2: de ± 5 a ± 7 anos – Respostas intermediárias, isto é, ora uma é considerada mais longa, ora as duas tiras são consideradas iguais.

• Etapa 3: a partir de ± 7 anos – A criança percebe, claramente, que a tira ondulada é bem mais longa que a outra.

Lápis e Varetas

1) Tome 3 lápis ou varetas do mesmo tamanho e disponha-os sobre a mesa, de modo que seus extremos coincidam. Chame a atenção da criança para que ela perceba que todos são igualmente longos.

2) Adiante um dos lápis em relação aos demais. Pergunte à criança: os lápis são igualmente longos?

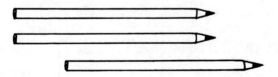

Respostas Prováveis

• Etapa 1: 4 anos e meio – O lápis que sobressai é considerado mais longo porque a criança centra sua atenção num dos extremos, não conseguindo focalizar a atenção no outro.

- Etapa 2: 5 a 6 anos – Repostas intermediárias; ora acerta ora erra, e gradualmente predomina a resposta correta.

- Etapa 3: a partir de ± 7 anos – A criança apresenta a resposta e é capaz de justificar.

12.2.2. Conservação da superfície

1) Apresente à criança 2 quadrados de cartolina, de 20cm x 30cm, representando 2 pastos.

Diga-lhe que uma vaca comerá um pasto e outra comerá o outro.

2) Tome algumas casinhas de papelão e vá distribuindo-as sobre os campos do seguinte modo: no 1º pasto, vá colocando as casas de papelão a partir do centro, distribuindo-as bem espaçadamente.

3) A cada nova casa que se vai colocando, pergunta-se à criança se as vacas terão a mesma quantidade de campo para pastar.

Respostas prováveis

- Etapa 1: anterior a 5 anos – A criança geralmente não se interessa pelo problema.

• Etapa 2: 5 a 7 anos – A criança acredita que a quantidade de pastos é diferente, bastando que se mova uma das casas para alterá-la. O equívoco surge, geralmente, após a colocação da 2ª ou 3ª casa.

• Etapa 3: por volta de 8 anos – A criança se mostra segura quanto à resposta, verificando que estando juntas ou separadas as casas cobrem o mesmo espaço.

12.2.3. Conservação de volumes espaciais

Apresente à criança o seguinte problema: algumas pessoas moram nestas casas (conjuntos de blocos de madeira) nesta quadra (folha de cartolina ou apenas uma mesa). Elas desejam mudar construindo casas que lhes deem o mesmo espaço, mas que tenham formas diferentes. Você vai usar os cubos disponíveis para construir as casas das pessoas na segunda quadra, observando que essas casas devem oferecer a seus moradores o mesmo espaço. Como fazer isto?

RESPOSTAS PROVÁVEIS E EXPLICAÇÕES PIAGETIANAS

Há, provavelmente, uma hierarquização desses eventos. Entre 5 e 7 anos, as crianças consideram impossível edificar sobre uma base menor uma casa mais alta do que o modelo porque não são capazes de estabelecer compensações de altura x largura e, consequentemente, não compreendem o volume.

Entre 8-9 anos, a criança consegue, sobre uma base menor, edificar uma casa mais alta, mas não compreende ainda a equivalência dos volumes. O sujeito consegue dissociar o volume da forma, mas falta-lhe o igualamento das diferenças, isto é, a decomposição ou recomposição métricas. Em outras palavras, a forma diferente das novas casas construídas não ocupa a mesma quantidade de volume de espaço.

Aos poucos, contudo, a criança começa a medida de decomposição e recomposição por meio de cubos-unidades mas ainda concebe o volume como soma de superfícies.

Por volta de 11-12 anos, as crianças descobrem a relação matemática entre superfícies e volume: "se dois volumes são idênticos, o produto multiplicativo dos elementos (ou dos comprimentos) segundo as três dimensões é o mesmo".

13
Operações lógicas

13.1. Operação lógica de classificação

13.1.1. Classificação aditiva visual

1) Construa, em cartolina, conjuntos de quadrados e círculos, em cor azul e vermelha, em 2 tamanhos.

2) Inicialmente, deixe a criança manipular os objetos, descrevendo-os verbalmente (ex.: isto é um quadrado grande, vermelho, etc.).

3) Peça à criança que organize o material em classe de acordo com um atributo (cor, tamanho, forma).

Conclusões Piagetianas

1) Classificação é uma operação lógica graças à qual organizamos objetos em grupos de acordo com um ou alguns atributos comuns a eles.

2) A classificação aditiva-visual simples é atingida aproximadamente aos 5 ou 6 anos.

3) Até por volta de 8 ou 9 anos a maioria das crianças é capaz de efetuar classificações tomando em consideração 2 ou 3 atributos simultaneamente.

Ex.: quadrados grandes vermelhos
quadrados grandes azuis

quadrados pequenos vermelhos
quadrados pequenos azuis
círculos pequenos azuis
círculos pequenos vermelhos
círculos grandes azuis
círculos grandes vermelhos.

13.1.2. Classificação aditiva tátil-cinestésica

1) Coloque sobre uma mesa 2 bolas grandes de madeira, 2 bolas pequenas, 2 cubos grandes, 2 cubos pequenos, 2 quadrados grandes de madeira e 2 pequenos, 2 círculos grandes de madeira e 2 pequenos.

2) Cubra todos os objetos com uma toalha ou coloque um lenço cobrindo bem os olhos da criança.

3) A criança é levada a brincar, manipulando esse material. Pode pegar, mas não pode olhar (o material é mantido coberto).

4) Pede-se à criança que distribua o material em 2 grupos, de acordo com 2 possibilidades (tamanho, forma).

CONCLUSÃO

A maioria das crianças mais jovens consideram mais difícil classificar de acordo com critérios táteis-cinestésicos do que com critérios visuais. Piaget e Inhelder verificaram, nesse tipo de experimento, que é mais fácil distinguir pelo tato objetos que diferem pelo tamanho do que objetos que diferem pela forma.

13.1.3. Classificação aditiva antecipatória

1) Faça em papelão seis círculos, seis quadrados e seis triângulos.

De cada conjunto de seis, 3 devem ser pequenos e 3 grandes, e de cada conjunto de 3, um é azul, outro vermelho e outro amarelo.

Coloque à frente da criança um Conjunto de Envelopes.

2) Diga à criança: "Você vai tentar pôr tudo isso em ordem. Todas as coisas que têm a mesma característica vão ser postas num envelope e escreveremos, do lado de fora, o que contém o envelope. Você deve usar o mínimo possível de envelopes".

Depois que a criança tiver examinado as peças, pergunte: – Quantos envelopes serão necessários? O que deve ser escrito neles? Coloque as peças em cada envelope?

RESPOSTA 1

Círculos grandes	Círculos pequenos	Quadrados grandes
Quadrados pequenos	Triângulos grandes	Triângulos pequenos

RESPOSTA 2

Círculos grandes e pequenos		Quadrados grandes e pequenos
	Triângulos grandes e pequenos	

RESPOSTA 3

Quadrados, círculos e triângulos grandes	Quadrados, círculos e triângulos pequenos

OBSERVAÇÃO

As 3 respostas evidenciam níveis diferentes de maturidade. As estruturas lógicas mais evoluídas vão caracterizando maior visão de síntese.

13.1.4. Composição de classes

CLASSE-INCLUSÃO OU INCLUSÃO DE CLASSES

1) Use quadrados de cartolina vermelhos, quadrados azuis e círculos azuis. Deixe a criança manipular.

2) Pergunte à criança:
– Todos os círculos são azuis?
– Todas as peças vermelhas são quadradas?
– Todas as peças azuis são círculos?
– Todos os círculos são vermelhos?

a) Use os seguintes materiais: figuras recortadas em cartolina de 3 patos, 5 passarinhos e 5 borboletas.

b) Pergunta-se à criança:
– Há mais aves ou passarinhos?
– Há mais aves ou animais?
– Agora, mostre os que não são aves.

Observação

Certifique-se, antes do início da experiência, de que a criança tem conceito do que seja uma ave.

1) Tome um conjunto de contas (cerca de 20 ou mais) de plástico ou madeira, sendo 5 ou 6 marrons e as demais amarelas.

2) Coloque as contas sobre a mesa, aproximando as marrons.

3) Pergunte à criança:

– Há mais contas marrons ou contas de madeira (ou plástico)?

– Há mais contas amarelas ou contas de madeira (ou plástico)?

4) Use um conjunto de triângulos grandes vermelhos, triângulos grandes verdes e triângulos pequenos vermelhos.

Mostram-se à criança essas peças e então, oferecendo-lhe algumas sacolas, pergunta-se:

a) Aqui está uma sacola de coisas vermelhas. Todas as peças pequenas pertencem a essa sacola com coisas vermelhas? Por quê?

b) Aqui está uma sacola para triângulos. As peças verdes pertencem a essa sacola? Por quê?

c) As peças vermelhas devem ir na sacola de triângulos? Por quê?

d) Esta é uma sacola para peças pequenas. As peças verdes pertencem a essa sacola? Por quê?

Conclusões Piagetianas

1) A classe-inclusão é um tipo de operação de classificação, no qual a criança compreende as relações entre um conjunto de objetos e seus subconjuntos e entre os vários subconjuntos.

2) A idade em que as crianças respondem acertadamente essas questões varia de 5 a 10 anos e, provavelmente, tal variação deve-se à sofisticação da linguagem (ex.: todos os pássaros são animais?).

Em geral, só quando a criança compreende a natureza de uma classe lógica e é capaz de verificar se todo membro tem certa característica ele é capaz de responder adequadamente as perguntas sobre todos e alguns, ou seja (todos os círculos são azuis? Todos os azuis são círculos?), e isto só ocorre aos 9-10 anos.

3) A classe-inclusão é indispensável para a compreensão do conceito de número.

13.1.5. Classificação multiplicativa

1) Tome 16 cartões quadrados de 5cm x 5cm, cada um contendo um desenho de uma folha. As folhas devem ser de 4 tamanhos diferentes e de 4 tons diferentes de verde.

2) Cada criança recebe a instrução para organizar o material como lhe pareça melhor. Pergunta-se como ela pretendeu organizar.

3) Pode-se, também, orientar a criança com as seguintes instruções:

– Ponha próximas as peças que são mais parecidas.

– Veja o tamanho e a cor das peças. Organize conforme as duas características.

CONCLUSÕES PIAGETIANAS

1) Nesse tipo de operação lógica, a criança deve fazer classificações usando 2 atributos ao mesmo tempo, tais como tamanho e cor.

2) Por volta de 8 anos a maioria das crianças pode jogar com a classificação multiplicativa.

13.1.6. Multiplicação lógica de classes

1) Use o seguinte material.

a) uma peça branca quadrada de eucatex ou linóleo, dividida em quadros de 4cm x 4cm. Três dos quadros são cobertos com cartões pretos, debaixo dos quais deve haver: no quadro da direita, 3 estrelas amarelas, no da esquerda, 3 estrelas verdes e no seguinte, 3 círculos verdes; o 4° quadro vazio é descoberto.

b) um conjunto de quadros para comparação, contendo objetos em todas as combinações possíveis das 3 formas – estrela, quadrado e círculo – e 3 cores – amarelo, verde e azul.

2) Proceda da seguinte forma: proponha questões relativas à identificação de objetos nos 3 quadros e a escolha de conjuntos de objetos a partir do conjunto de comparação.

a) (Quadros cobertos) – Qual destes (mostre o conjunto comparativo) subconjuntos deve pertencer a este quadro? (Mostrar o quadro vazio.)

b) (Quadros descobertos) – Por que você pensa que este subconjunto deve estar neste lugar?

CONCLUSÕES PIAGETIANAS

A operação de multiplicação lógica de classes requer que a criança trabalhe com duas, três ou mais variáveis, combinando-as entre si. No exemplo, ela deve multiplicar logicamente o conteúdo de cada quadro, a fim de antecipar qual deverá ser o conteúdo do último, que se acha vazio.

13.1.7. Multiplicação lógica de relações

1) Use o seguinte material: um retângulo branco dividido em 3 quadrados: o quadro inferior e o do meio devem estar cobertos por um cartão preto, sob o qual

devem estar: no quadro inferior, um quadrado verde-claro (1 polegada); no quadro do meio, um quadrado verde-médio (3/4 de polegada); o quadro superior deve estar vazio e descoberto; um conjunto de comparação composto de nove quadros, fornecendo todas as possíveis combinações de cores: verde-claro, verde-médio e verde-escuro e das 3 medidas: lados de 1 polegada, 3/4 de polegada e 1/2 polegada.

2) Proceda da seguinte forma: proponha questões que levem o sujeito a comparar os objetos dos quadros com aqueles do conjunto, primeiramente descoberto e depois coberto. Com os quadros cobertos e depois com eles descobertos, pergunte:

– Qual desses conjuntos de comparação pertence a este quadro? (Quadro superior vazio.)

– Por quê?

CONCLUSÕES PIAGETIANAS

Os objetos podem ser classificados de acordo com atributos absolutos (por exemplo: grande ou pequeno, vermelho ou azul). Nesse teste de multiplicação de relações, por outro lado, 2 atributos relativos têm de ser combinados para se obter o próximo em uma série (ou seja, cada objeto é menor e mais escuro do que o imediatamente anterior a ele).

Logo, não basta multiplicar logicamente os atributos tomados em seu sentido absoluto – o grande, pequeno, etc. Cada atributo aqui é tomado em relação aos demais – ele é mais claro ou mais escuro que o outro, etc.

13.2. Operação lógica de seriação

13.2.1. Seriação simples

1) Recorte círculos de papelão em 10 tamanhos.

2) Disponha 5 dos círculos, deixando 3 espaços vazios e coloque ao lado os círculos que sobraram.

3) Peça à criança que preencha os espaços vazios com os círculos que estão faltando.

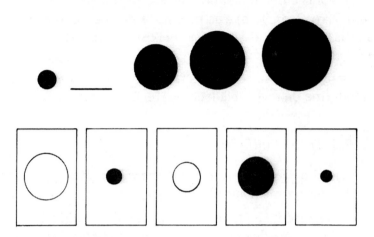

13.2.2. Seriação complexa

1) Tome 10 varinhas ou pauzinhos de picolé cortados em tamanhos que variem de 5 a 15cm.

2) Entregue à criança as varinhas sem ordená-las.

3) Peça à criança que ordene as varinhas da menor para a maior.

RESPOSTAS PROVÁVEIS

Quando a ordenação exige comparação das varinhas 2 a 2, porque as diferenças são pouco aparentes, verificam-se as seguintes etapas:

• Até ± 6 anos – A criança forma pares ou pequenos conjuntos (uma pequena, outra grande, etc.) mas não as coordena entre si.

- Após 6-7 anos – A criança usa um método sistemático que consiste em procurar, por comparação de 2 a 2, primeiro a menor, depois a menor das que ficaram, etc.

Assim uma varinha qualquer (a de 10cm por exemplo) é percebida como maior do que as que precederam (5cm, 6cm, 7cm, 8cm, 9cm) e ao mesmo tempo como menor do que as varinhas que a sucedem (11cm, 12cm, 13cm, 14cm e 15cm).

Para ser capaz de fazer esta ordenação, a criança usa uma forma de reversibilidade por reciprocidade.

13.2.3. Transitividade

1) Organize 3 conjuntos de botões; 20 botões azuis, 25 botões vermelhos e 30 botões verdes.

2) Apresente à criança os conjuntos de botões de cor azul e vermelha e diga que há menos botões azuis do que vermelhos.

3) Afaste o conjunto de botões azuis e apresente à criança os conjuntos de cor vermelha e verde.

4) Diga à criança que há menos botões vermelhos do que verdes.

5) Pergunte:

– Qual a cor do menor conjunto?

– E do maior?

Quando a criança compreende que $A < C$ se $A < B$ e $B < C$, depois de comparar perceptivamente A e B e depois B e C, escondendo A para deduzir sua relação com C, diz-se que ela dominou a *transitividade*.

13.2.4. Correspondências seriais

1) Use recortes de bonecas de tamanhos diferentes e recortes de sombrinhas também em tamanhos diferentes.

2) Peça à criança que ordene as bonecas e as sombrinhas de acordo com o tamanho, fazendo corresponder a cada boneca uma sombrinha.

CONCLUSÕES PIAGETIANAS

1) A seriação ou ordenação é uma operação lógica que consiste em ordenar, dispor os elementos segundo sua grandeza crescente ou decrescente. Surge, geralmente, por volta de 7 anos.

2) Inicialmente, a criança domina a seriação simples e depois as seriações complexas e, finalmente, as correspondências seriais ou seriações de duas dimensões.

3) A transitividade é o coroamento da operação lógica de seriação e possibilita a compreensão de que se

$$A = B$$
$$B = C$$

Logo A = C

13.3. Operação lógica de compensação

13.3.1. Compensação simples

1) Arme uma balança de madeira (balança de Roberval), com 2 braços, na extremidade dos quais são pendurados pratos de alumínio ou papel.

2) Use um conjunto de cubos. Coloque um cubo em cada prato. A seguir, coloque mais um dos cubos do lado direito e pergunte:

– E agora? Como posso equilibrar a balança?

3) Retire o cubo adicional do lado direito. Puxe o braço da balança para a direita, causando novo desequilíbrio e pergunte:

– O que posso fazer para equilibrar a balança?

– E se continuar puxando o braço para a direita?

Respostas prováveis

• 7-8 anos – A criança resolve a questão 2.

R. – Coloca um peso do lado esquerdo (compensação por reciprocidade) ou retira o peso colocado (inversão ou negação).

• 11-12 anos – O adolescente resolve a questão 3.

A compreensão começa quando ele percebe que há equivalência de resultados toda vez que, de um lado, se aumenta um peso sem alterar o comprimento e, de outro, se aumenta o comprimento sem alterar o peso.

Nesse momento a criança combina os 2 tipos de reversibilidade (por inversão e reciprocidade). Compreende-se que: diminuir o peso aumentando o comprimento equivale a aumentar o peso diminuindo o comprimento.

13.3.2. Compensação complexa

1) Apresente o desenho de 2 aquários ligados entre si.

2) Explique à criança que os peixes:

a) fogem da água fria, do gelo;

b) procuram a comida.

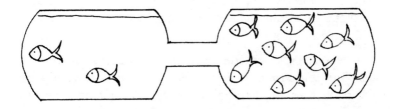

3) Diga que, no momento, eu tenho poucos peixes no aquário A e muitos no aquário B.

4) Coloque as seguintes questões:

a) se os peixes do aquário B estão saciados, o que posso fazer para manter o mesmo número de peixes nos 2 aquários?

b) se o aquário A está muito frio, o que posso fazer para manter o mesmo número de peixes nos 2 aquários?

c) como se faz para equilibrar o número de peixes nos 2 aquários?

RESPOSTAS PROVÁVEIS

Só na fase final do período operacional concreto (± 9-10 anos) as crianças têm condições de manipular as variáveis e responder corretamente.

CONCLUSÕES PIAGETIANAS

1) A compensação é uma operação lógica de raciocínio que permite restabelecer o equilíbrio de um sistema que tenha se alterado por modificações em uma variável, mudando-se a direção de uma variável diferente no mesmo sistema ou da mesma variável num sistema diferente.

2) O sujeito chega, inicialmente, por via ordinal, a constatar que, quanto mais aumenta o peso, tanto mais o braço da balança se inclina e afasta da linha de equilíbrio. Essas constatações conduzem-no a descobrir uma função linear e a compreender uma primeira condição de equilíbrio – igualdade dos pesos a distâncias iguais do meio.

Descobre, em seguida, também por via ordinal, que um peso P faz tanto mais inclinar a balança quanto mais se afasta do ponto mediano do braço. Conclui, então, que pode-se atingir o equilíbrio com dois pesos iguais quando se mantém iguais as suas distâncias L, sejam elas quais forem.

A compreensão começa quando a criança percebe que há equivalência de resultados toda vez que, de um lado, ela aumenta o peso sem alterar o comprimento e, de outro, aumenta o comprimento sem alterar o peso; daí vai deduzir que, partindo de dois pesos iguais, colocados à mesma distância do centro, conserva-se o equilíbrio diminuindo um, porém afastando-o, e aumentando o outro, porém aproximando-o do centro.

Só a partir desta proporção qualitativa é que o sujeito vai chegar às proporções métricas simples.

3) O domínio das compensações simples se inicia ainda na fase operacional concreta inicial (7 a 9 anos), enquanto compensações mais complexas, que envolvem diversas variáveis, só têm condições de ocorrer no final da fase operacional concreta (9 a 11 anos). Quando muitas variáveis são envolvidas, a compensação complexa só será possível na fase operacional formal.

13.4. Pensamento proporcional

13.4.1. Experiência pictórica

1) Apresente à criança o seguinte problema:

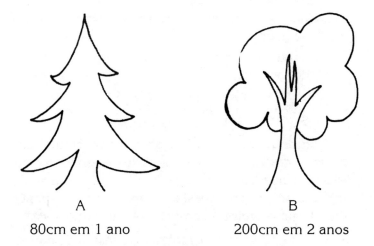

A
80cm em 1 ano

B
200cm em 2 anos

• A árvore A cresceu 80 centímetros em um ano e a árvore B cresceu 200 centímetros em 2 anos.

2) Pergunte:
– As 2 árvores cresceram na mesma proporção?
– A árvore A cresceu mais rapidamente que a árvore B?
– A árvore B cresceu mais rapidamente que a árvore A?

13.4.2. Experiência verbal

1) Exponha a seguinte situação: A população de uma cidade mineira aumentou em doze mil (12.000) habitantes em dois (2) anos, enquanto a população de uma cidade paulista aumentou em três mil (3.000) habitantes em um (1) ano. Por outro lado, a população de uma cidade gaúcha aumentou em seis mil (6.000) habitantes em três (3) anos.

2) Solicite que seja apontada a alternativa correta:

a) a cidade mineira cresceu mais rapidamente do que a cidade gaúcha;

b) a cidade gaúcha cresceu mais rapidamente do que a cidade paulista;

c) a cidade gaúcha cresceu mais rapidamente do que a cidade mineira;

d) a cidade paulista cresceu mais rapidamente do que a cidade mineira.

RESPOSTAS PROVÁVEIS

• Antes de 11 anos – A criança tende a mostrar-se confusa e, entre 9 e 11 anos, é capaz de responder corretamente à questão apresentada na experiência n. 30, mas não responde a questão apresentada na experiência 31, que envolve a comparação de 3 variáveis.

• Após 11-12 anos – O adolescente responde corretamente as 2 questões.

CONCLUSÕES PIAGETIANAS

1) O pensamento proporcional, razão-proporção ou proporcionalidade é uma operação lógica de raciocínio que permite a construção de relações métricas que descrevem matematicamente mudanças proporcionais nas variáveis.

A grandeza relativa de uma razão pode aumentar, diminuir ou manter-se a mesma em relação à grandeza de outra razão se a grandeza das variáveis for modificada.

2) A noção de proporção começa sempre sob uma forma qualitativa e lógica antes de se estruturar quantitativamente. Por isto, a compensação é uma operação lógica que constitui a subestrutura da razão-proporção.

13.5. Operação lógica de probabilidade

1) Diante do adolescente, vá colocando numa sacola ou caixa fechada 15 bolas vermelhas, 10 azuis, 8 verdes e 5 amarelas.

2) Em seguida, pergunte-lhe:

– Se eu, de olhos vendados, tentar tirar da sacola (ou caixa) uma bola, qual cor terá mais chance de sair? Por quê?

CONCLUSÃO PIAGETIANA

Para responder adequadamente o adolescente precisa compreender, pelo menos, 2 operações:

• Uma combinatória, que permite tomar em consideração todas as associações possíveis entre os elementos em jogo.

• Um cálculo de proporções, que permite compreender que probabilidades como 3/9 ou 2/6 etc. são iguais entre si.

13.6. Combinatória

13.6.1. Combinações de objetos

1) Use frascos transparentes contendo os seguintes líquidos incolores:

A – ácido sulfúrico

B – água pura

C – água oxigenada
D – hipossulfito
E – iodeto de potássio

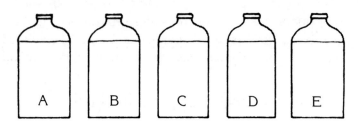

2) Num outro frasco transparente deve haver um líquido amarelado, resultante da combinação de A + C + E.

3) Mostre ao adolescente o líquido amarelado e diga: eu obtive essa cor combinando o conteúdo desses frascos aí. Tente você também obter essa cor.

Respostas prováveis
• 7 a 11 anos – A criança faz combinações 2 a 2 ou combina todos os 5 frascos de uma vez.
Quando usa grupos de 3 não realiza todas as combinações possíveis.
• 11-12 anos a 13-14 anos, aproximadamente – Realiza todas as associações possíveis; combinando os conteúdos inicialmente 2 a 2, depois 3 a 3, depois 4 a 4, etc.
A + B
A + C
A + D
A + E
A + B + C
A + B + D
A + B + E
A + C + D, etc.

13.6.2. Combinações de ideias

QUEBRA-CABEÇAS DAS CASAS

Aqui você tem um interessante problema. Se procurar organizar informações de uma maneira inteligente, conseguirá responder às perguntas propostas no final.

Leia com atenção e procure trabalhar rapidamente:

1) Existem 5 casas, cada qual de uma cor diferente e habitada por um homem de nacionalidade diferente, com animais de estimação também diferentes, fumando cigarros de marcas diferentes e usando diferentes bebidas.

2) O inglês mora na casa vermelha.

3) O espanhol tem um cachorro.

4) Na casa verde bebe-se café.

5) O ucraniano bebe chá.

6) A casa verde fica imediatamente à sua direita, com relação à casa cor de marfim.

7) O homem que fuma Minister é dono dos caramujos.

8) Fuma-se Astória na casa amarela.

9) Na casa do meio bebe-se leite.

10) O norueguês mora na primeira casa à esquerda.

11) O homem que fuma LS mora na casa do lado do homem da raposa.

12) Fuma-se Astória na casa ao lado daquela em que se guarda o cavalo.

13) Quem fuma Orleans, bebe suco de laranja.

14) O japonês fuma Hollywood.

15) O norueguês mora pegado à casa azul.

16) Toma-se café na casa ao lado daquela em que existe o cachorro.

a) Quem toma água?

b) Quem é o dono da zebra?

Conclusões Piagetianas

1) A combinatória é uma classificação das classificações. Permite combinar entre si objetos ou fatores, ideias ou proposições reunindo-os 1 a 1, 2 a 2, 3 a 3, etc.

2) A emergência do pensamento combinatório é uma característica do pensamento lógico formal e acontece por volta dos 11-12 a 14-15 anos.

3) A combinatória depende do domínio dos mais diversos tipos de operações de classificação.

4) A evolução do pensamento até atingir a combinatória é a seguinte:

• No nível pré-operatório os sujeitos se limitam a associar casualmente 2 elementos ao mesmo tempo, e a explicar o resultado por fenomenismo ou outra forma de causalidade pré-lógica ("a gente pode fazer de novo o xarope...").

• No subestádio II A, que é a 1ª etapa operacional concreta (7 a 9 anos ±), os sujeitos, já havendo dominado as operações de multiplicação lógica de correspondência biunívoca, não chegam ainda a construir combinações dois a dois ou três a três, etc. As únicas reações espontâneas dos sujeitos consistem em associar cada uma das garrafas ao conta-gotas ou misturar, ao mesmo tempo, o conteúdo das 4 garrafas.

Isto se explica porque a criança domina apenas combinações elementares e limitadas, que intervêm nos agrupamentos de multiplicação de classes e multiplicação de relações, isto é, associações ou correspondências entre um termo e cada um dos outros ou entre um termo e todos os outros. Se não houver sugestões de outros, o sujeito não chega, por si, às combinações 2 a 2.

• No subestádio II B, que é a 2ª etapa operacional concreta (9 a 11-12 anos ±), são introduzidas as combinações n a n. Trata-se de simples tentativas empíricas, não sistemáticas, mas que já revelam progresso.

- No subestádio III A, que corresponde à 1ª etapa operacional formal (até ± 13 anos), aparecem o método sistemático no emprego das combinações n a n e a compreensão de que a cor é devida à combinação como tal.

- No subestádio III B, corresponde à 2ª etapa operacional formal (a partir de ± 13-14 anos), a novidade são as combinações e, principalmente, as provas que se apresentam de maneira mais sistemática, caracterizando uma fase de organização.

A partir deste experimento pode-se concluir que há estreita correlação entre a construção ou estrutura de conjunto das operações combinatórias de uma parte; de outra, a das operações proposicionais – ao mesmo tempo que o sujeito combina os elementos, ele combina os enunciados proposicionais que exprimem os resultados das combinações e assim constrói o sistema de operações binárias de conjunções, disjunções, exclusões, etc.

13.7. Indução de leis

13.7.1. Flexibilidade de hastes metálicas

1) Coloque sobre a mesa um suporte, no qual possam ser equilibradas várias hastes metálicas, feitas de metais diferentes que tenham cortes transversais.

2) Introduza na abertura do suporte varetas metálicas que variem quanto ao comprimento, materiais de que são feitas, espessura.

3) Coloque-as com a parte maior para o lado direito, ou bem centralizadas.

4) Arranje alguns pesos que possam ser adaptados na extremidade das varas, fazendo-as vergar.

5) Vá testando cada uma das varas, a fim de verificar se ela se curva mais do que outra ou menos do que outra quando é colocado um peso na sua extremidade.

6) Peça ao adolescente para verificar a flexibilidade das varetas. Ele pode usar qualquer das varas, dispô-las de qualquer forma para verificar se ela se curva.

7) Peça-lhe para organizar as varas em ordem crescente de flexibilidade.

OBSERVAÇÃO

Este problema inclui diversas variáveis. Quer-se saber até que ponto o sujeito isola variáveis específicas e mantém outras constantes, a fim de verificar uma hipótese específica.

Para resolvê-lo, deve-se fazer uso de um autêntico raciocínio científico.

RESPOSTAS PROVÁVEIS

• Estádio I: pré-operacional – Criança apenas descreve o que vê e, como não dispõe nem de classificações nem de seriações organizadas, completa o que é observado com relações pré-causais: finalismo, animismo, artificialismo, etc.

"A varinha não toca a mesa porque ela está lá no alto..."

• Estádio II A: operacional-concreto inicial – Surgem as classificações, seriações e correspondências coerentes e diferenciadas, mas isto não basta para assegurar a dissociação dos fatores, isto é, para assegurar a organização de uma experiência verdadeira.

A criança compara o efeito de cada fator tomado isoladamente, mas não os combina, nem é capaz de separar um deles, fazendo-o variar e manter constantes os demais.

• Estádio II B: operacional-concreto final – Enquanto no estádio anterior os sujeitos só utilizavam a multiplicação lógica na forma elementar da correspondência biunívoca, os desse estádio usam o esquema dos quadros de dupla entrada com seriações orientadas em sentidos diferentes, assim como agrupamentos counívocos (várias relações para um mesmo resultado). Nesse estádio, o sujeito verifica a ação de um fator deixando invariantes todos os outros fatores. Chega a compreender como comprimento e peso se compensam quando a matéria de que é feita a vareta é a mesma. Mas não generalizam esta compensação a outros fatores conhecidos.

• Estádio III A: operacional-formal inicial – Caracteriza-se pelo aparecimento do pensamento formal, com o raciocínio hipotético-dedutivo e há uma busca ativa de verificação. O sujeito compreende agora não só o real, mas o possível. Concebe o real como produto de diversos fatores que se combinam de diversos modos (a combinatória). Cada varinha é comparada com cada uma das outras.

• Estádio III B: operacional-formal final – O sujeito chega a um método mais sistemático, cuja simplicidade aparente não poderia ser alcançada antes dessa idade. Agora, o adolescente responde de modo espontâneo, sem cometer erros.

A formação e utilização do sistema total se manifesta através do desenvolvimento do esquema "permanecendo invariáveis todos os demais", o resultado é devido ao fator X que foi alterado.

CONCLUSÕES POSSÍVEIS

1) A distâncias iguais, uma vareta de aço redonda e fina tem a mesma flexibilidade que uma barra de metal brando e mais grossa.

2) A distâncias iguais, uma barra redonda e grossa de aço apresenta a mesma flexibilidade que uma barra de aço quadrada e menos grossa.

13.7.2. Flutuação dos corpos e eliminação de contradições

1) Coloque diante do adolescente alguns recipientes com água (bacias ou baldes) e alguns objetos feitos de materiais diferentes (madeira, borracha, plástico, papelão, etc.).

2) Peça-lhe que classifique os objetos como flutuantes ou não flutuantes sobre a água e que esclareça, para cada um dos objetos, a razão de sua classificação.

3) Solicite ao adolescente que resuma os resultados e, se ele não o fizer espontaneamente, que formule a lei que inferiu da sua experiência.

CONCLUSÕES PIAGETIANAS

1) Lei esquerda: os corpos flutuam se têm uma densidade ou peso específico inferiores ao da água.

2) Nesta lei intervêm duas relações: a densidade (relação do peso, o volume) e a relação entre o peso do objeto (sua densidade, se está cheio, ou o peso de sua matéria e do ar que contém) e o volume de água correspondente.

3) Entra em jogo aqui também uma classificação – corpos que flutuam sobre a água e corpos que não flutuam sobre a água em certas situações e não flutuam em outras, e corpos que flutuam sobre a água em qualquer situação.

4) A lei buscada representa uma relação entre duas grandes classes: a dos corpos cuja densidade é inferior à da água e a dos corpos cuja densidade é superior.

5) Esta lei não se refere a noções acessíveis no nível das operações concretas, já que a noção de conservação do volume e, em consequência, a noção de densidade só se elaboram no estádio operacional-formal (11-12 anos).

RESPOSTAS PROVÁVEIS

• Estádio I A: 4-5 anos – As crianças conseguem compreender se um objeto flutua ou não, mas não encontram a explicação para o fenômeno, nem estendem a corpos semelhantes a propriedade. Nem entendem que a propriedade de flutuar é constante. A criança não faz classificações.

• Estádio I B: até 7-8 anos – A criança tenta classificar os objetos de modo estável, mas não faz uma classificação coerente porque:

a) ao não encontrar a lei o sujeito se conforma com explicações múltiplas; formula uma série de subclasses difíceis de ordenar hierarquicamente;

b) a criança encontra novas explicações e acrescenta novas divisões à classificação, mas não coordena o conjunto;

c) Algumas dessas classificações são contraditórias.

• Estádio II A: 7 a 9 anos – A criança esforça-se para superar a contradição. Isto é possível graças a uma revisão da noção de peso em suas relações com a de volume, o que significa que a criança começa a renunciar à noção absoluta de peso e orienta-se para a de densidade, sobretudo a de peso específico.

Densidade é a relação existente entre o peso de um certo volume do corpo e do volume igual de água e peso específico ao peso de $1cm^3$ do corpo considerado. Mas Piaget fala de densidade quando o sujeito relaciona de modo explícito peso e volume e de peso específico quando o sujeito compreende que, para volume igual, cada matéria apresenta um peso próprio.

• Estádio II B: 9 a 10 anos – A criança alcança a conservação do peso e aplica as operações concretas de seriação, igualação e, até certo ponto, medida.

Em lugar de qualificar as diversas matérias quanto aos pesos simples (o cubo é pesado, a bola leve, etc.) usa um esquema novo: os objetos mais pesados são mais cheios e os mais leves são ocos (ou cheios de ar), mas não se trata ainda de estabelecer uma relação operatória entre peso e volume. Não relaciona, ainda, o peso dos corpos e o volume da água.

• Estádio III – O pensamento formal é indispensável à realização acabada da construção desta lei porque:

1) O conceito de densidade supõe o de volume e a conservação do volume só se constitui no início do nível formal, por volta de 11-12 anos. Isto ocorre porque a conservação de volume diversamente das formas simples de conservação, que o sujeito domina mediante simples compensações aditivas, supõe a intervenção das proporções.

2) A indução de leis supõe a exclusão de interpretações demasiado simples, próprias do estádio II A; ela exige o trabalho com hipóteses que não correspondem aos dados fornecidos pela observação concreta; elas requerem a intervenção do pensamento hipotético-dedutivo.

14
Conceito de número

A fim de verificar se a criança já é capaz de dominar o conceito de número, realize as seguintes experiências citadas anteriormente.

1) Experiências sobre conservação de quantidade.

2) Experiências sobre classe-inclusão (dentro da operação lógica de classificação).

3) Experiências sobre seriação.

Acrescente a estas as seguintes experiências:

a) Experiência destinada a avaliar a noção de unidade

1) Mostre à criança pares de objetos – 2 bolas, 2 carretéis, 2 carteiras, 2 lápis, etc. e pergunte: – O que há de comum em todos estes conjuntos? Ou há alguma coisa em comum quando você observa estes conjuntos?

2) Repita a experiência usando conjuntos de 3, 4 objetos e depois de 1 objeto.

3) Faça o mesmo usando outros desenhos, repetindo a pergunta: – O que há de comum em todos estes conjuntos?

Observação: a resposta deve ser referente ao número de objetos dos conjuntos.

b) Experiências referentes à correspondência termo a termo, que também avaliam a conservação da quantidade

EQUIVALÊNCIA DE CONJUNTOS DE XÍCARAS E PIRES

- Etapa 1 – Tome 6 xícaras e 6 pires. Disponha os pires em fila sobre a mesa diante da criança, e peça a ela que faça uma fileira de xícaras que contenha o mesmo número de elementos.

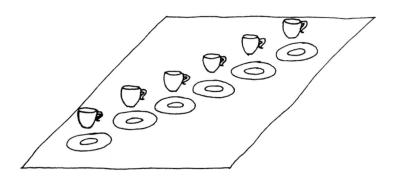

- Etapa 2 – Mantenha a fileira de pires e aumente o espaço entre as xícaras de modo que os extremos não se correspondam.
- Pergunte: – Há mais pires ou xícaras?
- Etapa 3 – Coloque as xícaras juntas, ao lado dos pires.
- Pergunte: – Há mais xícaras ou mais pires?

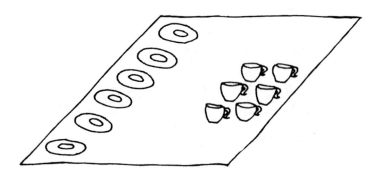

Respostas prováveis

• 4 a 5 anos – Quando se pede à criança que coloque uma xícara diante de cada pires, ela toma um número arbitrário de xícaras ou todas elas. Se as xícaras ou os pires são colocados mais próximos entre si, a criança acredita que há maior quantidade dos objetos que se encontram mais espaçados.

• 5½ a 6 anos – A criança fica confusa. Espaçando-se os pires, a criança admite que há maior número deles. Ora acerta, ora erra, numa etapa de transição.

• A partir de 6 anos – A criança responde corretamente, com independência do que faz o experimentador. Costuma responder que apenas as xícaras foram colocadas mais juntas.

Equivalência de conjuntos de bonecas e camas

1) Tome 10 bonecas e 10 camas de bonecas. Coloque uma boneca em cada cama, evidenciando a igualdade do número de bonecas e camas.

2) Retire as bonecas das camas e coloque-as enfileiradas mais juntas que as camas, de modo que as últimas camas não tenham bonecas diante delas.

3) Pergunte:

– Há mais bonecas do que camas de bonecas?

– Há o mesmo número de bonecas e de camas?

– Há mais camas do que bonecas?

Respostas prováveis

• Antes de 6 anos – Há mais camas do que bonecas (se as bonecas estão juntinhas e as camas separadas).

Há a mesma coisa (se a correspondência cama-boneca é nítida).

- A partir de 6-7 anos – Há a mesma quantidade.

A criança, nesta idade, costuma contar o número de bonecas e o número de camas.

CORRESPONDÊNCIA TERMO A TERMO E EQUIVALÊNCIA DURÁVEL

1) Tome 10 botões de cor branca e 15 da cor azul.

2) Faça uma fileira com botões brancos.

3) Peça à criança que faça uma fileira igual à sua, usando os botões azuis.

RESPOSTAS PROVÁVEIS E EXPLICAÇÃO PIAGETIANA

- Por volta de 4-5 anos – A criança faz uma fileira cujos extremos coincidem com os da outra fileira, mas o número de botões não é coincidente.

Há, pois, ausência da conservação quando se altera a disposição dos botões. Não há nem correspondência termo a termo nem equivalência. A criança não consegue a correspondência termo a termo, mas procede por simples correspondência global, fundada na percepção do comprimento das fileiras.

- Por volta de 5-6 anos – A criança organiza corretamente a 2ª fileira fazendo corresponder a cada "botão" branco um outro azul.

A criança é, então, capaz de efetuar a correspondência termo a termo entre as 2 fileiras. Mas assim que se separam os pares de termos correlativos, espaçando ou esperando os elementos de uma das fileiras, a criança começa a julgar que aumentou ou diminuiu o número de botões na fileira que foi mexida, e, logo, não há equivalência entre as fileiras.

- Por volta de 6-7 anos – Mesmo que se mexa numa das fileiras, tornando-a mais comprida ou curta, a criança compreende que há o mesmo número de botões.

Nessa 3ª fase, há correspondência termo a termo e equivalência durável das coleções correspondentes. Nesta fase, já se observa uma correspondência biunívoca e recíproca, com equivalência das coleções.

Em síntese, as várias experiências sobre correspondência termo a termo e equivalência de conjuntos nos remetem às seguintes conclusões:

1º) a comparação é qualitativa e global, sem correspondência termo a termo, nem equivalência durável;

2º) efetua-se a correspondência termo a termo, mas ainda em nível intuitivo e sem equivalência durável;

3º) surge a correspondência operatória, qualitativa ou numérica e a equivalência dos conjuntos obtidos é durável.

CONCLUSÕES PIAGETIANAS

1) Aprender a contar verbalmente não é dominar o conceito de número.

2) A formação do conceito de número se faz em estreita conexão com o desenvolvimento das operações infralógicas de conservação de quantidade e das operações lógicas de classificação e seriação.

3) Até cerca de 6 anos a criança tem um conceito intuitivo de número e acredita que a quantidade se altera quando se muda a disposição espacial dos elementos. Por isso, basta espaçar os elementos de um conjunto para a criança julgar que aumentou a quantidade dos elementos. A noção operatória de número só é possível quando se houver constituído a conservação de quantidades descontínuas, independente dos arranjos espaciais.

4) O número resulta de 3 noções fundamentais:

• a unidade;

• a classe-inclusão;

• a seriação.

A noção de unidade surge como uma abstração das qualidades diferenciais, que tem como resultado tornar cada elemento individual equivalente a cada um dos outros: $1 = 1 = 1$, etc.

A classe-inclusão é o coroamento da classificação operatória e permite compreender que os elementos se tornam classificáveis segundo as inclusões ($<$) : $1 < (1 + 1) < (1 + 1 + 1)$, etc.

Finalmente, os elementos são também seriáveis e, para distingui-los e não contar duas vezes o mesmo elemento nessas inclusões, o recurso é seriá-los no espaço e no tempo, ordenando segundo as relações "antes" e "depois": $1 \rightarrow 1 \rightarrow 1$.

5) Conclui-se, pois, que o número constitui uma síntese de seriação e da inclusão e exige o domínio dos seguintes princípios: constância, associatividade e reversibilidade.

15

Conceito estruturado de espaço, tempo, ordem e velocidade

15.1. Conceito de espaço

O conceito de espaço é bastante complexo; supõe a formação da noção de distância, a noção de longitude, a noção de superfície e a medida espacial.

15.1.1. A noção de distância

1) Use 2 árvores feitas de papelão, de aproximadamente 25cm de altura, que possam ser colocadas de pé.

2) Coloque as 2 árvores sobre uma mesa, a uma distância de, aproximadamente, 50cm.

3) Coloque, entre as 2 árvores, um anteparo de cartolina e pergunte:

– As árvores estão tão próximas quanto estavam antes?

RESPOSTAS PROVÁVEIS

• Etapa 1: de 4 a 5 anos – Se a criança compreende a pergunta, geralmente julga que o anteparo aproxima as árvores. Frequentemente, ela substitui a distância total entre as árvores pela distância até o anteparo. Isto se deve, provavelmente, à incapacidade de descentração.

- Etapa 2: de 5 a 7 anos – As respostas são intermediárias:

a) a distância é alterada quando se coloca um anteparo;

b) a distância não é alterada pelo anteparo, mas a criança admite que vista de um dos extremos a distância é maior.

- Etapa 3: a partir de ± 7 anos – A criança responde de forma imediata e correta. A noção de distância não é afetada pela interposição de objetos, nem pela direção a partir da qual se observa.

15.1.2. A noção de longitude

O segundo elemento do conceito de espaço é a noção de longitude ou conservação do comprimento, à qual nos referimos em outra parte do texto e que pode ser avaliada por experiências com réguas e tiras plásticas encaracoladas que são comparadas, ou experiências com conjuntos de lápis, em que um é afastado à direita e pede-se à criança que compare seu comprimento ao dos demais.

É útil lembrar que a conservação do comprimento supõe, como pré-requisito, a noção de distância.

15.1.3. A noção de superfície

Esta operação infralógica referente à conservação espacial também é fundamental para a formação do conceito de espaço. Para avaliá-la usa-se a experiência do campo e das vacas, à qual nos referimos em outra parte.

15.1.4. A medida espacial

1) Procure dispor de:

- Uma prateleira de aproximadamente 1 metro;
- Uma fita métrica;
- Tiras de papel de mais ou menos 25cm.

2) Mostre à criança a prateleira e diga-lhe que ela deverá comprar um barrado para enfeitá-la.

3) Pergunte: – Como você poderá saber a quantidade de barrado?

Respostas Prováveis

• Etapa 1: 4 a 7 anos aproximadamente – A criança abrirá os braços para medir e logo em seguida reduzirá ou aumentará a abertura.

• Etapa 2: 7 a 8 anos aproximadamente – A criança usará as tiras de papel várias vezes o palmo de sua mão para verificar quantas vezes o palmo ou a tira está contido na prateleira (descobre a unidade, que aplica sucessivamente sobre o todo, por deslocamento ordenado).

• Etapa 3: após 9 anos aproximadamente – A criança usará a régua ou fita métrica.

Conclusões Piagetianas

1) O conceito de espaço constitui-se independentemente do conceito de número, mas em estreito isomorfismo com ele.

2) A noção de espaço inicia-se com a medida espacial. A medida, por sua vez, se inicia com uma divisão do contínuo em partes e um encaixe dessas partes, relacionado, estreitamente, com a inclusão de classes.

3) A constituição e uso da unidade exigem que uma das partes seja aplicada, sucessivamente, sobre o todo, por deslocamento ordenado, o que significa seriação.

4) A medida é, pois, um resultado do deslocamento e da adição partitiva.

15.2. Conceito de tempo

O conceito de tempo envolve as noções de sucessão de eventos, duração e simultaneidade de eventos.

15.2.1. Noção de sucessão de eventos

ORDENAÇÃO DE HISTÓRIA MUDA

1) Recorte os quadros de uma historinha muda, composta de 5 ou 6 cenas.

2) Apresente à criança os quadros em desordem e solicite que ela os ordene, "colocando em primeiro lugar o que aconteceu logo depois, e assim por diante".

PERCURSO DAS BONECAS

1) Trace duas pistas sobre uma cartolina, marcando os pontos de A a D.

2) Tome duas bonecas e as faça avançar a velocidades diferentes e por impulsos independentes ao longo das duas pistas paralelas.

3) A boneca n. 1 vai do ponto A ao ponto D e a n. 2 vai do ponto A ao B.

A boneca n. 1 para, enquanto a n. 2 segue de B a C.

4) Pergunte à criança:

– Qual das bonecas parou primeiro?

– Se a boneca n. 1 parou ao meio-dia, a boneca n. 2 teria parado antes ou depois do meio-dia?

15.2.2. Noção de duração de eventos

BONECAS

Usando a experiência anterior, faça a seguinte pergunta: Você observou o quanto as bonecas n. 1 e n. 2 caminharam. Elas andaram durante a mesma quantidade de tempo ou uma delas andou durante mais tempo?

RELÓGIOS

1) Apresente à criança o desenho de 2 relógios.

2) Apresente à criança as seguintes situações:

– João saiu de casa no horário indicado no relógio A e retornou no horário indicado no relógio B. Ele foi à mercearia e voltou.

– José saiu de casa no horário indicado no relógio A e retornou no horário indicado no relógio B. Ele foi à padaria, passou pelo mercado, foi ao açougue e voltou.

3) Pergunte: – Um deles gastou mais tempo que o outro? Por quê?

15.2.3. Noção de simultaneidade de eventos

Use o mesmo material da experiência sobre o percurso de bonecas. Manipule as duas bonecas segundo a seguinte orientação:

- A boneca 1 pára em C e a 2, simultaneamente, em B.
- Pergunta-se: – Ambas pararam ao mesmo tempo?
- Em caso negativo, qual delas parou primeiro?

RESPOSTAS PROVÁVEIS

- Etapa 1: 4½ a 5 anos – A criança confunde relações temporais e espaciais – "mais tempo" significa "mais longe", "primeiro" ou "atrás". Para ela, a duração é proporcional à distância percorrida. A criança pensa que a boneca n. 1 demorou mais tempo que a n. 2 *porque* caminhou mais rapidamente ou que a boneca n. 2 parou antes *porque* não foi tão longe quanto a n. 1.

Há frequentes mudanças de opinião.

• Etapa 2: 5 a 6½ anos – A criança começa a dissociar a ordem espacial e temporal, embora de modo imperfeito. Pode haver progresso na ideia de sucessão, mas não na de duração, ou vice-versa. A simultaneidade e a duração coincidentes não são ainda bem compreendidas.

• Etapa 3: 7 a 8½ anos – A criança já separa espaço e tempo e distingue a sucessão temporal e a ordem espacial. Coordena a sucessão temporal com a duração e a simultaneidade num sistema único e reversível.

A partir dessa estruturação lógica, que revela um sistema coerente de relações temporais, a criança responde às questões corretamente.

CONCLUSÕES PIAGETIANAS

1) O conceito de tempo baseia-se em 3 espécies de operações:

• Uma seriação de acontecimentos, segundo uma ordem de sucessão temporal;

• Um encaixe de intervalos entre os eventos: disso resulta a duração;

• Uma métrica temporal, isomorfa à métrica espacial.

2) No conceito de tempo, é necessário situar as noções de sucessão, duração e simultaneidade.

15.3. Conceito de ordem

15.3.1. Ordem linear

1) Apresente à criança um arame no qual estão enfiadas bolas coloridas.

2) Coloque à disposição da criança outros 2 arames semelhantes e várias bolas coloridas.

3) Peça à criança que organize o segundo arame exatamente como o primeiro, ou seja, com as bolas coloridas na mesma ordem. Guarde-o.

4) Depois, peça à criança que organize o terceiro arame na ordem inversa à do primeiro.

RESPOSTAS PROVÁVEIS

1) Entre 4½ e 5½ anos, a criança reproduz a ordem direta sempre que tem a possibilidade de comparar e colocar cada bola colorida imediatamente abaixo de sua correspondente modelo.

2) Entre 5½ e 6½ anos, a criança é capaz de reproduzir a ordem direta sem ajuda da correspondência visual, mas não consegue construir a ordem inversa.

3) A partir de 6½ a 7½ anos, a criança torna-se capaz de construir uma ordem inversa mediante o pensamento direto reversível, sem necessidade de fazer tentativa.

15.3.2. Ordem aplicada a corpos móveis

1) Tome um arame, no qual estão enfiadas bolas coloridas.

2) Faça um canudo de papelão de, aproximadamente, 20cm de extensão.

3) Passe o arame por dentro do canudo, tampando suas extremidades com a mão, e pergunte à criança:

a) Em que ordem as contas sairão do outro lado?

b) Se voltarmos o arame pelo lado do canudo por onde entrou, em que ordem sairão as contas?

c) Peça à criança que se assente do outro lado da mesa e faça a primeira pergunta.

d) Gire o canudo, dentro do qual foi colocado o arame, diante da criança, e peça que lhe diga em que ordem as contas sairão pelo mesmo extremo.

e) Coloque o arame dentro do canudo, diante da criança, e dê 2 giros de 180 graus no canudo.

Então pergunte: Em que ordem sairão as bolas?

f) Continue a dar os giros e repita a pergunta.

OBSERVAÇÃO

Se a criança nenhuma das vezes respondeu que a bola do meio sairia primeiro, pode-se perguntar-lhe: – Por que a bola azul (se azul é a cor da bola do centro) não saiu primeiro nenhuma das vezes?

RESPOSTAS PROVÁVEIS

• 1ª etapa: 4 a 5½ anos – A criança só responde corretamente à questão "a", não compreende a ordem inversa e, mesmo quando se inverte o canudo, acredita que o resultado não se altera. A criança é incapaz de fazer previsão correta porque não domina a reversibilidade.

• 2ª etapa: 5½ a 6½ anos – A criança entende a inversão direta, mas não mais que isso. Responde corretamente a questão "b" e, ao final da etapa, dominará as respostas "c" e "d", mas terá de recorrer ao ensaio e erro para as questões "e" e "f".

Se no arame houver apenas 3 bolas, a criança chegará mais facilmente à resposta, mas, tratando-se de 5 objetos ou mais, a criança poderá supor que o objeto do meio sairá primeiro.

• 3ª etapa: 6½ a 7½ anos – A criança dá a resposta correta e justifica por que a deu.

15.4. Conceito de velocidade

15.4.1. Noção de velocidade quando o movimento não é visível

Esta experiência consiste em avaliar a velocidade de 2 veículos quando se veem apenas seus pontos de chegada.

1) Construa 2 túneis de cartolina – um de 55cm e outro de 40cm de comprimento.

2) Tome 2 carrinhos de plástico amarrando-os a cordões.

3) Passe os carrinhos por dentro dos túneis, puxando-os pelos barbantes, de modo que eles cheguem juntos ao outro lado.

• Pergunte: – Qual dos carrinhos andou mais depressa?

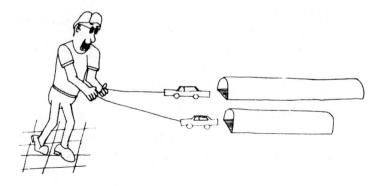

RESPOSTAS PROVÁVEIS

• Etapa 1: 5 a 6 anos – A criança admite que os 2 carros desenvolveram a mesma velocidade.

• Etapa 2: aproximadamente 6 anos – A criança parte da mesma ideia e, pouco a pouco, começa a dizer que um dos carros andou por uma estrada mais longa.

• Etapa 3: a partir de ± 6½ anos – As relações de tempo e espaço são pensadas corretamente. A criança percebe que um dos carros percorreu um espaço maior; logo, foi mais veloz.

15.4.2. Noção de velocidade quando o movimento é visível

Estas três experiências destinam-se a avaliar a velocidade de 2 veículos quando todos os movimentos são visíveis e os pontos de partida são comuns.

Experiência 1

1) Faça o desenho de um caminho reto horizontal AB e outro caminho que se desvia do primeiro AC. – AC é mais longo que AB?

2) Explique à criança que os caminhos serão percorridos por 2 automóveis, que partirão na mesma hora e desenvolverão a mesma velocidade. Pergunte: – Qual deles chegará primeiro?

3) Mais tarde, mostre o que sucede e pergunte por que o automóvel que percorre AC chegou a C depois que o outro chegou a B.

Experiência 2

1) Use o mesmo material da experiência anterior.

2) Diga à criança: – Os 2 automóveis percorrem AB e AC; partem juntos de A e chegam juntos um a B e outro a C.

3) Pergunte: – Um foi mais rápido que outro?

4) Mostre o que sucede e volte a perguntar se as velocidades eram iguais ou diferentes.

RESPOSTAS PROVÁVEIS

• Etapa 1: de 5 a 6 anos – A criança espera que os 2 automóveis cheguem ao mesmo tempo. Quando se mostra que um chegou antes, admite que andou mais depressa, mesmo que se esclareça que desenvolveram a mesma velocidade.

Se os 2 automóveis chegam simultaneamente, a criança afirma que desenvolveram a mesma velocidade, mesmo quando se demonstra o contrário.

A criança não domina a noção de velocidade, tempo e distância. Maior velocidade significa chegar antes; se um veículo não chega antes, as velocidades não podem ser comparadas.

• Etapa 2: 6 a 7½ anos aproximadamente – A criança acerta as questões sobre a experiência 1, percebe que o tempo gasto depende da longitude dos caminhos e não da coincidência ou não dos pontos terminais. Mas a criança se confunde na experiência 2.

• Etapa 3: 7 a 8½ anos aproximadamente – As ideias de extensão do caminho, tempo e velocidade são estruturadas de modo adequado.

Experiência 3

1) Trace, na cartolina, 2 caminhos para se chegar a uma estação: um reto e outro em linha quebrada, de modo que o início e o fim dos 2 caminhos sejam coincidentes.

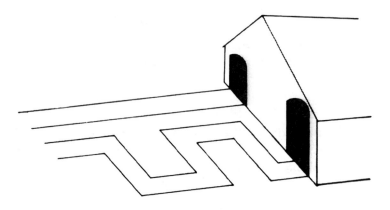

2) Faça rodar um carrinho plástico sobre o caminho sinuoso enquanto solicita à criança que faça rodar outro carrinho pelo caminho reto até levá-lo à estação.

3) Pergunte à criança: – Qual dos 2 carrinhos terá percorrido maior distância?

Respostas prováveis

• Etapa 1: de 5½ a 6 anos – A criança se guia pelos pontos de chegada. Se eles coincidem, acredita que foi percorrida a mesma distância. Mas se a criança e o observador pararem no meio do percurso e voltarem ambos ao ponto de partida, a criança pode descobrir a resposta correta.

• Etapa 2: de 6 a 7½ anos aproximadamente – Se o observador ajudar a criança a raciocinar, conversando com ela, a criança talvez consiga separar a noção de distância percorrida da noção de ponto de chegada. Nessa fase, se dermos à criança uma fita métrica para medir os dois caminhos, ela a colocará de lado ou só a usará sem ordem nem sentido.

• Etapa 3: 7 a 8½ anos aproximadamente – Começa a medição correta – a criança compreende que o caminho sinuoso é mais longo e representa uma distância maior. Compreenderá ainda que, para percorrer este caminho gastando o mesmo tempo que o outro carro gastou, precisará maior velocidade.

CONCLUSÕES PIAGETIANAS

1) O conceito estruturado de velocidade = espaço : tempo ($v = e/t$) só é atingido por volta de 10-11 anos.

2) A noção de velocidade começa em forma ordinal.

Um móvel é mais rápido que outro se o ultrapassa, ou seja, se estando atrás do outro em dado momento, em seguida acha-se à sua frente.

3) Inicialmente, na fase pré-operatória, a criança leva em conta os pontos de chegada, sem levar em conta ultrapassagens ou alcançamentos. Depois, começa a estruturar as ultrapassagens; a seguir, toma em consideração a grandeza crescente ou decrescente dos intervalos e, finalmente, estabelece uma relação entre tempo despendido e espaço percorrido.

4) A estruturação operatória da velocidade constitui um fenômeno complexo, que envolve noções de espaço (distância, longitude e superfície), ordem, tempo e velocidade.

5) Para o adulto, distância (espaço), velocidade e tempo são aspectos diferençados de uma única estrutura cognitiva. A criança está centrada nos *estados* espaciais dos acontecimentos e não nas *transformações*.

6) Há um processo circular – Para desenvolver o conceito de tempo é necessário desenvolver os conceitos de movimento e velocidade. Mas, para desenvolver o conceito de velocidade, é necessário o conceito de tempo.

Bibliografia

ADLER, Irving. *Matemática e desenvolvimento mental.* São Paulo: Cultrix, 1970, 152 p. [Trad. Anita Rondon Berardinelli].

AEBLI, Hans. *A evolução mental da criança.* Petrópolis: Vozes, 1975, 126 p. [Trad. Cláudio Benemann].

_____. *Didática psicológica* – Aplicação à didática da psicologia de Jean Piaget. São Paulo: Comp. Ed. Nacional/Ed. da USP, 1971, 196 p. [Trad. João Teodoro d'Olim Marote].

BALDWIN, Alfred L. *Teorias do desenvolvimento da criança.* São Paulo: Pioneira, 1973, 570 p. [Biblioteca Pioneira de Ciências Sociais, Psicologia – Trad. Dante Moreira Leite].

BEARD, Ruth M. *Como a criança pensa.* São Paulo: Ibrasa, 1970, 249 p. [Trad. Aydano Arruda].

CASTRO, Amélia D. de. Fundamentos psicológicos da didática: enfoque piagetiano. *Revista Brasileira de Estudos Pedagógicos*, 60 (133), jan.-mar./1974, p. 9-21. Rio de Janeiro.

CHIAROTTINO, Zélia R. *Piaget:* modelo e estrutura. Rio de Janeiro: J. Olympio, 1974, 94 p.

CUNHA, M.A. Versiani. *Didática fundamentada na teoria de Piaget:* a nova metodologia que veio revolucionar o ensino. Rio de Janeiro: Forense, 1973, 63 p.

DOLLE, Jean-Marie. *Para compreender Jean Piaget* – Uma iniciação à psicologia genética piagetiana. Rio de Janeiro: Zahar, 1975, 202 p. [Trad. Maria José Almeida].

EITENE, Ariane S. Developmental stages and cognitive structures as determinants of what is learned. In: HINDE, R.A. & STEVENSONHINDE, J. (org.) *Constraints on learning:* limitations and predispositions. Londres: Academic Press, 1973, 488 p.

ELKIND, David. *Crianças e adolescentes:* ensaios interpretativos sobre Jean Piaget. 2ª ed. Rio de Janeiro: J. Olympio, 1974, 96 p. [Trad. Ivette Braga].

_____. Children's conceptions of right and left; Piaget applications study LV. *Journal of Genetic Psychology,* 99, 1961, p. 269-276. Provincetown.

_____. Children's discovery of the conservation of mass, weight and volume; Piaget Replication Study II. *Journal of Genetic Psychology,* 98, 1961, p. 219-227. Provincetown.

FLAVELL, John H. *Psicología evolutiva de Jean Piaget* [Versión castellana: Marie Thérèse Cavasco. Buenos Aires: Paidós, 1968, 489 p. – Biblioteca Psicologia Del Siglo XX, 21].

FURTH, Hans G. *Las ideas de Piaget: su aplicación en el aula.* Buenos Aires, Kapelusz, 1971, 180 p. [Biblioteca de Cultura – Trad. Antonio M. Battro].

_____. *Piaget for teachers.* Nova Iorque: Prentice-Hall, 1970, 163 p.

ISAACS, Nathan. *El desarrollo de la compreensión em el nino pequeno según Piaget* [Versión castellana de Marie Thérèse Cavasco. Buenos Aires: Paidós, 1967, 93 p.].

KATZ, David. *Psicologia de làs edades* – Del nacer al morir. Madrid, Morata, 1968 [Trad. Dr. Augustin Serrate].

MUSSEN, P.H. *et al. Desenvolvimento e personalidade da criança.* São Paulo, Harbra, 1979.

PIAGET, J. *Problemas de Psicologia Genética.* Rio de Janeiro: Forense, 1973, 157 p. [Trad. Célia E.A. di Piero].

_____. *A Epistemologia Genética.* Petrópolis: Vozes, 1971, 110 p. [Trad. Nathanael C. Caixeiro].

_____. *A formação do símbolo na criança*. Rio de Janeiro: Zahar, 1971, 370 p. [Trad. Álvaro Cabral].

_____. *A construção do real na criança*. Rio de Janeiro: Zahar, 1970, 360 p. [Trad. Álvaro Cabral].

_____. *O nascimento da inteligência na criança*. Rio de Janeiro: Zahar, 1970, 387 p. [Trad. Álvaro Cabral].

_____. *Psicologia e Pedagogia*. Rio de Janeiro: Forense, 1969, 182 p. [Trad. Dirceu A. Lindoso e Rosa M.R. da Silva].

_____. *Seis estudos de psicologia*. Rio de Janeiro: Forense, 1969, 146 p. [Trad. Maria Alice M. D'Amorim e Paulo S.L. Silva].

_____. *O raciocínio da criança*. Rio de Janeiro: Record, 1967, 241 p. [Trad. Valérie R. Chaves].

_____. *Psicologia da inteligência*. Rio de Janeiro: Fundo de Cultura, 1958, 229 p. [Biblioteca Fundo Universal de Cultura, Estante Psicologia – Trad. Egléa de Alencar].

_____. *Le développement de la notion de temps chez l'enfant*. Paris: PUF, 1946, 298 p. [Bibliothèque de Philosophie Contemporaine].

_____. *Les notions de mouvement et de vitesse chez lenfant*. Paris: PUF, 1946, 284 p. [Bibliothèque de Philosophie Contemporaine].

PIAGET, J. & INHELDER, B. _____. *Gênese das estruturas lógicas elementares*. 2. ed. Rio de Janeiro/Brasília: Zahar/MEC, 1975, 356 p. [Trad. Álvaro Cabral].

_____. *A psicologia da criança*. São Paulo: Difusão Europeia do Livro, 1968. 146 p. [Trad. Octávio Mendes Cajado].

_____. *Le développemente dês quantités physiques chez lenfant*. 2. ed. Neuchâtel et Niestlé, 1962, 344 p.

_____. *De la logique de l'enfant à la logique de l'adolescent* – Essai sur la construction des structures opératoires formelles. Paris: PUF, 1955, 312 p.

_____. *La représentation de l'espace chez lenfant*. Paris: PUF, 1948, 581 p. [Bibliothèque de Philosophie Contemporaine].

PIAGET, J. & SZEMINSKA, A. *A gênese do número na criança*. Rio de Janeiro: Zahar, 1971, 331 p. [Trad. Christiano M. Oiticica].

PIATELLI-PALMARINI, Massimo (org.). *Teorias da linguagem, teorias da aprendizagem:* o debate entre Jean Piaget e Noam Chomsky. São Paulo: Cultrix/Ed. USP, 1983 [Trad. Álvaro Cabral].

RAVEN, R.J. Programming Piagets Logical Operations for science concept acquisition. *Journal of Research in Science Teaching.* 10 (3), dez./1974, p. 251-261. Nova York.

_____. The development of a test of Piaget's Logical Operations. *Science Education*, 57 (3), jul.-set./1973, p. 377-386. Flórida.

_____. The morphogenesis of knowledge and the structure of learning. *Science Education*, 56 (3), jul.-set./1972, p. 369-389. Flórida.

Índice

Sumário, 5

Parte I – Uma introdução ao estudo da teoria de Jean Piaget, 7

1. Os fundamentos da teoria piagetiana, 9

2. O desenvolvimento psíquico na perspectiva de Jean Piaget, 21

Parte II – Aspectos e etapas do desenvolvimento psíquico segundo Jean Piaget, 29

3. O período sensório-motor, 31

   Quadro-síntese do período sensório-motor, 38

4. O desenvolvimento da função de representação, 40

   4.1. A imitação, 42

   4.2. O jogo simbólico, 43

   4.3. O desenho, 45

   4.4. A imagem mental, 47

   4.5. A linguagem, 48

   Quadro-síntese do desenvolvimento da função de representação, 51

5. O período pré-operatório, 53

   5.1. A socialização da ação, 55

   5.2. A gênese do pensamento, 56

   5.3. A intuição, 59

   5.4. A afetividade no período objetivo-simbólico, 61

6. O período operacional concreto, 63

  6.1. Uma referência às operações lógicas, 63

  6.2. O estádio operacional concreto, 65

    6.2.1. O desenvolvimento das operações infralógicas, 67

      a) Conservações físicas, 68

      b) Conservações espaciais, 71

    6.2.2. O desenvolvimento das operações lógicas, 72

      a) A operação lógica de classificação, 72

      b) A operação lógica de seriação, 73

      c) A operação lógica de multiplicação lógica, 74

      d) A operação lógica de compensação, 75

    6.2.3. O desenvolvimento dos conceitos, 75

      a) Conceito de número, 76

      b) Conceito de espaço, 77

      c) Conceito de tempo, 77

      d) Conceito de velocidade, 78

    6.2.4. O desenvolvimento da afetividade, 78

7. O período operatório abstrato, 81

  7.1. A combinatória, 83

  7.2. A operação lógica de compensação complexa: o grupo da dupla reversibilidade (grupo 4) e o sistema duplo referência, 86

  7.3. O pensamento proporcional ou operação lógica de razão-proporção, 88

  7.4. A operação lógica de probabilidade ou pensamento probabilístico, 90

  7.5. A operação lógica de indução de leis, 90

8. O desenvolvimento afetivo, 92

  8.1. A evolução da afetividade, 93

    8.1.1. Nível sensório-motor, 93

8.1.2. Nível objetivo-simbólico, 94

8.1.3. Nível operacional concreto, 95

8.1.4. Nível operacional abstrato, 97

8.2. Os sentimentos e julgamentos morais, 99

8.3. Uma educação voltada para a autonomia, 102

Parte III – Avaliação do desenvolvimento cognitivo com base nas experiências piagetianas, 107

9. A noção de objeto permanente, 109

10. A constância perceptual, 112

10.1. Constância da forma, 112

10.2. Constância da grandeza, 112

11. A causalidade na criança, 115

Situações destinadas a avaliar a noção de causalidade, 117

12. Operações infralógicas, 120

12.1. Conservações físicas, 120

12.1.1. Conservações de quantidades, 120

a) Contínuas, 120

b) Descontínuas, 123

12.1.2. Conservação do peso, 124

12.1.3. Conservação do volume, 127

12.2. Conservações espaciais, 129

12.2.1. Conservação do comprimento, 129

12.2.2. Conservação da superfície, 132

12.2.3. Conservação de volumes espaciais, 133

13. Operações lógicas, 135

13.1. Operação lógica de classificação, 135

13.1.1. Classificação aditiva visual, 135

13.1.2. Classificação aditiva tátil-cinestésica, 136

13.1.3. Classificação aditiva antecipatória, 136

13.1.4. Composição de classes, 138

13.1.5. Classificação multiplicativa, 140

13.1.6. Multiplicação lógica de classes, 141

13.1.7. Multiplicação lógica de relações, 141

13.2. Operação lógica de seriação, 142

13.2.1. Seriação simples, 142

13.2.2. Seriação complexa, 143

13.2.3. Transitividade, 144

13.2.4. Correspondências seriais, 145

13.3. Operação lógica de compensação, 146

13.3.1. Compensação simples, 146

13.3.2. Compensação complexa, 147

13.4. Pensamento proporcional, 149

13.4.1. Experiência pictórica, 149

13.4.2. Experiência verbal, 150

13.5. Operação lógica de probabilidade, 151

13.6. Combinatória, 151

13.6.1. Combinações de objetos, 151

13.6.2. Combinações de ideias, 153

13.7. Indução de leis, 155

13.7.1. Flexibilidade de hastes metálicas, 155

13.7.2. Flutuação dos corpos e eliminação de contradições, 158

14. Conceito de número, 161

a) Experiência destinada a avaliar a noção de unidade, 161

b) Experiências referentes à correspondência termo a termo, que também avaliam a conservação da quantidade, 162

15. Conceito estruturado de espaço, tempo, ordem e velocidade, 167

15.1. Conceito de espaço, 167

15.1.1. A noção de distância, 167

15.1.2. A noção de longitude, 168

15.1.3. A noção de superfície, 168

15.1.4. A medida espacial, 168

15.2. Conceito de tempo, 170

15.2.1. Noção de sucessão de eventos, 170

15.2.2. Noção de duração de eventos, 170

15.2.3. Noção de simultaneidade de eventos, 171

15.3. Conceito de ordem, 172

15.3.1. Ordem linear, 172

15.3.2. Ordem aplicada a corpos móveis, 173

15.4. Conceito de velocidade, 175

15.4.1. Noção de velocidade quando o movimento não é visível, 175

15.4.2. Noção de velocidade quando o movimento é visível, 176

Experiência 1, 176

Experiência 2, 176

Experiência 3, 177

Bibliografia, 181

Conecte-se conosco:

 facebook.com/editoravozes

 @editoravozes

 @editora_vozes

 youtube.com/editoravozes

 +55 24 2233-9033

www.vozes.com.br

Conheça nossas lojas:

www.livrariavozes.com.br

Belo Horizonte – Brasília – Campinas – Cuiabá – Curitiba
Fortaleza – Juiz de Fora – Petrópolis – Recife – São Paulo

  Vozes de Bolso

EDITORA VOZES LTDA.
Rua Frei Luís, 100 – Centro – Cep 25689-900 – Petrópolis, RJ
Tel.: (24) 2233-9000 – E-mail: vendas@vozes.com.br